中小学心理育人
阶段性训练手册

舒暖名师工作室◎著

湖南大学出版社
·长沙·

图书在版编目（CIP）数据

中小学心理育人阶段性训练手册 / 舒暖名师工作室
著 . -- 长沙：湖南大学出版社，2025.7. -- ISBN 978-
7-5667-4246-9

I. G444

中国国家版本馆 CIP 数据核字第 20253L3V33 号

中小学心理育人阶段性训练手册

ZHONGXIAOXUE XINLI YUREN JIEDUANXING XUNLIAN SHOUCE

著　　者：舒暖名师工作室
责任编辑：崔　桐
印　　刷：长沙市精宏印务有限公司
开　　本：880 mm×1230 mm 1/32　　印　　张：7.5　字　　数：122 千字
版　　次：2025 年 7 月第 1 版　　印　　次：2025 年 7 月第 1 次印刷
书　　号：ISBN 978-7-5667-4246-9
定　　价：69.00 元

出 版 人：李文邦
出版发行：湖南大学出版社
社　　址：湖南·长沙·岳麓山　　　　邮　　编：410082
电　　话：0731-88822559（营销部），88649149（编辑部），88821006（出版部）
传　　真：0731-88822264（总编室）
网　　址：http://press.hnu.edu.cn

序

舒 暖

    吉首大学孟娟教授是我的专业引路人。在我成为湘西自治州中小学第一位专职心理教师时，她告诉我，在这里的中小学开展心理健康教育困难很多，比如师资配备不足、社会认知不够、可利用资源不多。她希望我能提供更专业的服务，惠及更多的师生和家长。

    我热爱这项事业，用心组建了"心抗疫·新康愈"39名线上心理援助志愿者团队，牵头成立了包括41名正式成员和68名辐射成员在内的湘西自治州"武陵人才支持计划"舒暖心理健康名师工作室团队。我始终坚守教学第一线，潜心课堂研究，创新心理健康教育。在教育教学方法与手段上，我将传统教学转变为融入信息技术的项目式学习；在教育评价上，采用综合评价、整体评价，以及定量与定性相结合的方式；在课堂教学结构上，形成了"活动体验—知识讲解—讨论练习—理论升华—拓展运用"的模式。

2022年初，在湘西自治州州委组织部、湘西自治州教育和体育局的信任与支持下，我成为湘西自治州中小学心理健康名师工作室首席名师，组织开展舒暖名师工作室研习活动。在吉首大学、湖南师范大学以及相关领域专家的指导下，工作室以"实现专业提升，促进团队发展"为宗旨，综合运用教学示范、理论讲座、结构化研讨等形式，不仅贯彻、推广原有做法，还进行了全面更新。我们采用"名师引领＋项目研究＋同伴互助＋成果辐射"模式，进一步加强专业化队伍建设；通过"集体备课—课例研磨—专家点评—修订教学设计—课例二磨—成果考核—展示推广"的方式,打造精品课程;创新课堂教学,形成了"心理测试与评估—分析数据—理论支持—3至5次班级辅导—结果反馈与推广"的团体辅导新范式,为深入开展湘西中小学心理健康教育工作乃至更广泛的心理健康教育工作提供了借鉴。

工作室三年规划提出了2022年近期目标和2024年中长期目标,明确了工作内容与措施,将主要任务细化为10个方面的内容,由10个小组分工合作完成。在首次研习时,大家讨论认为,知识普及和总结宣传推广是每位成员的共同责任,于是将原规划修订为8个项目学习小组。根据个人志愿、专业特长和地域特点,组建了心理测评、短视频微课、专题讲座、团体辅导、个体咨询、心理素质拓展、专项活动组织以及特色校基地校建设和课程设计与教学等学习小组(兼工作站),由朱志鹏、谭捷、张波、向艳霞、尚云、周小和、阳群、彭永凤等分别担任各工作站站长。工作室致力于为全体成员进行专业发展定位,发掘每个成员的能力优势,开展线上线下同频共振的项目式学习,充分发挥各种"长板"的作用,确保工作室运作的科学性、时效性和针对性。

工作室以实践操练为主要研习形式，成果丰硕，圆满实现既定工作目标。我们科学有序地开展心理普查测评；参训成员的校、县（市）、省级示范课达标；团体辅导走进课堂，突出个性化指导，彰显团体契约精神；为有需要的师生、家长提供线上线下相结合的个体咨询服务，站内成员分享案例、开展小组朋辈督导，并不断优化修订方案；将心理素质拓展与体育、艺术、民族文化传承深度融合；组织"5·25"或者"10·10"专项活动时，各小组设计方案，经专家指导后完善方案，最终选出最优方案，由工作站各校组织实施，活动后进行总结汇报、宣传推广，助力边城高级中学成功申报湖南省心育特色校；充分利用微信视频号、抖音等互联网平台，开发了一批自媒体教育资源，完成室刊、简报制作，发表多篇论文、通讯宣传稿件。

三年来，每位工作室成员在完成本职工作的基础上，都积极参加线上线下研修活动，参与集体备课、听评反思、送教下乡、宣传推广，并接受评估考核。很多成员和我一样，几乎每次研习期间的夜晚都在电脑前忙碌。

将舒暖工作室的集体智慧以著作的形式呈现出来，是我一直以来的愿望。本书挖掘体育、美育等五育蕴含的心理育人价值，创新性地开发了小学、初中、高中三个学段的团体辅导系列课程。课程内容涵盖了自我认知、学习心理、人际沟通、情绪管理、生命教育等多个方面。在整体主题课程设计上，我们增强了课程的针对性、系统性和科学性，运用"心理测试与评估—分析数据—探寻理论依据—实施3至5次班级辅导—进行结果反馈与推广"的团体辅导新范式，扩大了学员受惠面，加深了学员的体验程度。

2023年，教育部、国家卫生健康委等17部门联合印发全国学生心理健康工作专项行动计划，这标志着我国加强学生心理健康工作已上升为国家战略。做好学生心理健康工作，是教育工作者的重要任务；保护未成年人心理健康，是全社会的责任。我们选择心理健康教育事业作为职业方向，事业追求是以体强心、以智健心、以文舒心、以美育心，为普通人获得幸福人生服务。提灯引路，育籽成花。舒暖工作室实现了名师引领、专业提升、团队发展的愿景。在心育路上，我们看见光、追随光，并努力成为一束束照亮心灵的光。

目录

第一章　自我认知

第二章　学习心理

第三章　人际沟通

第四章　情绪管理

第五章　生命教育

第六章　体育美育

　　自我认知是人格发展的基石，也是青少年在成长中构建身份认同、应对挑战的核心能力。从小学到高中，学生经历着生理剧变、学业压力与社会期待的叠加冲击，若缺乏对自身特质、情绪与价值的清晰认知，他们极易陷入焦虑、自卑或价值迷失的困境。本章以"自我认知"为主题，系统呈现湘西地区中小学心理健康教育的创新实践——通过曼陀罗绘画表达、团体互助合作等多元干预形式，引导学生从"我是谁""我如何评价自己""我如何与世界相处"三个维度展开深度探索。活动设计以埃里克森的自我同一性理论、荣格的曼陀罗投射原理为基础，结合归因训练与行为强化策略，帮助学生在艺术创作中觉察内心冲突，在团队互动中重构积极的自我形象，最终实现从"模糊感知"到"理性接纳"的认知飞跃。

曼陀罗绘画

湘西自治州溶江中学　周立林

　　处于青春期的初中生，身心发展尚未平衡，学业压力陡然增大，人际关系也变得更为复杂。这些因素相互交织，导致这一群体常常陷入自我认知模糊、情绪起伏较大的困境。湘西自治州溶江中学对2242名学生进行了全面的心理普查，系统地揭示出低自尊、自卑等较为突出的心理风险问题，而这些问题亟待科学有效的干预。为此，学校创新推出"曼陀罗绘画"团体心理辅导项目，引导学生通过非语言艺术表达方式，去察觉内心的冲突，释放负面情绪。进而让学生在绘制曼陀罗绘画的色彩与线条中，重新构建自我认同，提升自身的心理韧性。以下为具体的方案设计内容。

方案一　你我相识

活动目标

1.营造活跃的团体气氛，建立轻松愉悦的团体环境。

2.助力团体成员相互认识，推动领导者和团体成员相互建立起互相信任的关系。

3.明确团体目标，建立团体规范，制定团体契约，增强团队凝聚力。

活动内容与流程设计

1.游戏"大风吹"（5分钟）

当教师喊出"大风吹"的时候，同学们齐声问"吹什么"，教师则说出一个部分学生具有的特点。所有不符合条件的同学原地不动，符合条件的同学在老师说完后，需立即交换位置坐下，最后一个坐下的同学为本轮游戏的输家。当教师喊出"小风吹"的时候，同学们齐声问

"吹什么"，教师则说出一个部分学生具有的特点。所有符合条件的同学原地不动，不符合条件的同学在老师说完后，需立即交换位置坐下，最后一个坐下的同学为本轮游戏的输家。

2.随机分组（2分钟）

所有同学围成一个圈，从1到6循环报数，报数相同的自动形成同一小组。共分为6组，每组6个人。通过随机分组，增强活动的趣味性与同学们的参与感。

3.制作桌签（5分钟）

所有同学制作自己的专属桌签，包括自己的姓名、班级、性格特点、兴趣爱好等。

4.姓名接龙（15分钟）

第一位同学首先介绍自己"我是2101班活泼开朗、爱好阅读的龙某某"，第二位同学则要复述上一位同学的介绍，并在其后加上对自己的介绍，如"我是坐在2101班活泼开朗、爱好阅读的龙某某旁边的21世纪阳光帅气、喜欢打篮球的肖某某"。按此规律，直至本组内最后一位同学。

5.团体形成（10分钟）

（1）共同制定团队契约，推选各小组组长。阐释团体功能和内容，帮助大家树立对团体的期待。

（2）根据对团体功能和内容的理解，成员写下自己的目标、期待的收获以及担忧。

6.活动总结（3分钟）

请学生进行自由分享，如加入新团体的感受、新认识的朋友和今天的收获等。

方案二　回归自我

活动目标

1.助力成员在安全环境下修复内在自性功能，增强自我力量。

2.培养成员的自我觉察力，让其更加敏锐细致。

3.丰富成员的心理体验，强化其心理的适应功能。

活动准备

彩铅、签字笔、曼陀罗绘画模板（《心灵之路：曼陀罗成长自愈绘本》中第一章《保护篇》）。

活动内容与流程设计

1.游戏"手指操"（5分钟）

游戏规则：大拇指表示"+"，小拇指表示"-"，拳头表示"="，从一加到十，从十减到一。由领导者先示范，成员随后练习一遍，速度由慢到快。

2.认识曼陀罗（2分钟）

活动内容与流程：由领导者介绍曼陀罗的基本概念，以及曼陀罗的特殊疗愈功能。让学生初步了解曼陀罗绘画。

3.彩绘曼陀罗基本流程（3分钟）

领导者展示曼陀罗绘画的基本流程——静、思、画、写、悟。让学生掌握彩绘曼陀罗的基本流程。

4.绘制曼陀罗（29分钟）

（1）音乐冥想（5分钟）：冥想指导语重点在于觉察自我，引导成员感知自己的身体状态，如紧张度、熟悉部位等，同时觉察自己的呼吸节奏及情绪等，让自己放松下来，静下心来。

（2）感受曼陀罗（1分钟）。

（3）画曼陀罗（20分钟）：跟随自己的感觉选择当

下喜欢的想要画的颜色，同样也是跟随直觉从自己想要画的地方开始进行涂绘；彩绘过程中，专注于自己的呼吸与绘画，感受着笔杆在手，笔尖游走在画纸上的感觉。

（4）书写感悟（2分钟）。

（5）自由分享（1分钟）。

5.活动总结（1分钟）

请学生进行自由分享，如新认识的朋友和今天的收获等。

方案三　拥抱自我

活动目标

1.引导成员释放负面情绪和负面能量，以平和且包容的心态接纳并不完美的自己。

2.助力成员保持自我的稳定性和稳固性，提高注意力和定力。

3.助力成员深入探索内心世界，进一步认识自我，挖掘自身潜在的特质、能力与情感，为个人成长和自我提升奠定坚实基础。

活动准备

彩铅、签字笔、曼陀罗绘画模板（《心灵之路：曼陀罗成长自愈绘本》中第二章《分化篇》）。

活动内容与流程设计

1.音乐冥想（5分钟）

领导者播放轻音乐；领导者阅读指导语；成员根据音乐与指导语进行冥想、放松、静心。

2.绘制曼陀罗（24分钟）

（1）彩绘过程中，成员要留意画笔每一次的起落，要有意识地去感受自己当下的感觉和脑海中浮现的画面和情绪。

（2）成员要认真地写感悟，接纳不完美的自我，释放可能存在的负面能量。

3.成员分享（8分钟）

（1）绘前思考：你现在的心情如何？今天有什么事情让你印象深刻？

（2）绘后思考：请给你的作品取个名字；你的作品

让你联想到了什么？

4.活动总结（1分钟）

请学生进行自由分享，如新认识的朋友和今天的收获等。

本次团体心理辅导借助曼陀罗绘画疗愈的方式，引导学生对自我进行探索，充分发挥了学生的主体性。在教师的引导下，学生们在绘制曼陀罗的情境中体验、探究和感悟自我。第一次团体心理辅导的目的主要是活跃团体气氛，让大家彼此熟悉。第二次团体心理辅导旨在让学生了解曼陀罗绘画的基本知识以及绘画流程，并进行了第一次绘画练习。鉴于这是第一次尝试，领导者引导大家从以下方面感受自己的画作：

1.你倾向于从外向内画还是从内向外画？

2.中心对你来说代表着什么意义？

3.你是否喜欢先画某一个角落？为什么？

4.你涂边界的时候特别小心吗？

5.最能代表自己的颜色是什么？

6.在选择颜色时，你更偏向对比色还是渐变色？

7.你喜欢涂满还是留白？

8.这幅画中冷暖色调的相对关系是什么？

同时，领导者对画作的其他方面进行了解读，学生们书写的感受十分真诚。到了第三次课时，学生对团辅流程已经比较熟悉，几乎所有人都沉浸在自己的"心流"状态里。在这种状态下，他们的书写也更触及内心，此时领导者安静的陪伴就是最好的辅导。这也是曼陀罗绘画和绘画分析最大的不同：绘画分析更多依赖老师或咨询师面对画作的解释和解读，对咨询师的基本功要求较高；而曼陀罗绘画则是自己体验和精心创作的过程，在体验中实现疗愈，在创造中获得治愈，教师只要静静地陪伴即可。总之，这次团体心理辅导达到了预期的效果，学生实现了成长，对这次辅导满意度较高。

爱上更真实的自己

湘西自治州民族中学　舒　暖

　　在青春向成年过渡的关键阶段，高中生正经历着自我认同的深度重塑。湘西自治州民族中学的心理测评数据显示，近2000名学生亟需心理支持，而传统个体咨询已难以满足需求。为此，学校创新推出"爱上更真实的自己"团体辅导项目，通过绘画、互动与艺术表达，引导学生直面内心真实，在安全且包容的团体氛围中觉察优缺点、接纳脆弱性，重塑自信与自爱。以下是具体方案设计。

方案一　认识自我

活动目标

1.引导学生运用艺术媒介，实现深度的自我觉察。

2.帮助学生探索潜意识中的自我形象，增进自我了解。

3.让学生体会团队对个人认知的影响，感受表达带来的愉悦。

活动要求

1.遵守团体的契约，暂停评价。

2.以开放、坦诚的心态，积极参与所有活动。

3.专注于团体过程，减少任何形式的干扰。

4.尊重每一个成员的隐私权。

活动准备

课件，每人一支水笔，一张 A4 纸，若干彩笔、便利贴，每组一张 A3 纸。

活动内容与流程设计

1.建立团体活动契约（2分钟）

全体成员就坐，领导者说明成员需遵守的规则：守时、保密、专注、坦诚、不指责、不批评。

2.随机分组（5分钟）

所有同学围成一个圈，从1到6循环报数，报数相同的自动形成同一小组。共分为8组，每组6个人，每组推选一位组长，增强活动趣味性与参与感。

3.“我是谁”（15分钟）

（1）用非文字的形式在A4纸上表达自己的名字。

（2）组长组织组员结合上一步完成的图画轮流介绍自己，说出自己的二十个特征，并从中找出自己认为最重要的特征。

（3）每个成员选择自己最喜欢的颜色，分别画出生理自我、心理自我、社会自我。

（4）分享个人独特之处，用一句话描述“我是怎样的一个人”，并记录在便利贴上。

4.思维导图（15分钟）

（1）组长组织组员讨论自我认知的结构，进行分类归纳，并将便利贴贴在A3纸上，分类包括内在品质〔如教养、家庭、信义、志向、学业表现等〕和外在表现〔如魅力、外貌、成熟度、乐群、交际等〕。

（2）每个成员用一分钟时间，用一个词概括对自我认知的认识，并陈述理由，其他组员聆听。

（3）组员进行反馈，组长用思维导图的形式记录。

（4）展示思维导图，各组推选一位成员讲解，觉察团体对自己的影响。

5.总结与评价（3分钟）

领导者对此次团辅成果进行总结，请学生进行自由分享，如新认识的朋友和今天的收获等。

方案二　看见真我

活动目标

1.引导学生从他人的反馈中感受到肯定、赞美等积极的情感资源。

2.引导学生通过他人视角和自身探索看到更真实的

自己，对自己形成客观认识。

3.让学生体会艺术表达的愉悦与魅力。

活动准备

课件，每人一支水笔、一张A4纸，若干彩笔、便利贴。

活动内容与流程设计

1.游戏"369蹲"（3分钟）

全体起立，从1数到50，逢3、6、9就坐下，由心理委员监督，一人出错，全班重新开始，以此暖身、活跃气氛。

2.自我初探（10分钟）

（1）将A4纸对折，折成16等分的格子备用。

（2）领导者播放背景音乐，同时在PPT上依次播放16张图片，每张图片停留30秒，学生需边看图片，边在纸上对应的空格中写下自己的感受。

（3）根据文字，学生需依次画下当时看到屏幕上图片的感受，用画画和文字书写两种方式共同表达自己当下的感受。

（4）从16张自画图片中选取1张，结合画面，小组成员依次轮流说说自己最近印象最深的一件事，通过艺术表达觉察自己，拉近成员之间的心理距离。

3.深入探索（15分钟）

（1）在A4纸另一面完成自画像。

（2）全体成员需在本组寻找5个不同的伙伴。

（3）学生拿着自画像依次分别从5个不同身份的视角（祖辈、长辈、平辈、晚辈、超自然力量）向不同的伙伴介绍自己。每次介绍的时间为2分钟，铃声不止，述说不断，对方只需保持倾听，不要攀谈和讨论。

4.理想之我（10分钟）

（1）给小组每个成员挑选一张自己之前画的卡片，选好之后，轮流送给每一位成员。（例如：某某某，我把这幅淡雅、宁静的画送你一张。）

（2）每个人送完之后，轮流表达在小组活动中的感受。（例如：我感觉我们的集体温暖、坦诚、包容、接纳我、有力量。）

（3）从自己剩余的卡片中，选1张最能代表自己的卡片送给自己，觉察团体对自己的影响。

5.总结与评价（2分钟）

领导者对此次团辅成果进行总结，请学生进行自由分享，如新认识的朋友和今天的收获等。

方案三 悦纳自我

活动目标

1.引导学生清晰认识自己的优点与缺点，敢于表达自身脆弱，体验真实表达的重要性。

2.鼓励学生挖掘自己和他人的正向特质，激发自信心。

3.助力学生逐步培养积极的自我评价习惯。

活动准备

课件，每人一支水笔、一张A4纸，若干彩笔、便利贴。

活动内容与流程设计

1.手臂评价（2分钟）

根据对自我的喜爱程度，进行手臂评价。非常喜欢——手臂上举，比较喜欢——手臂侧上举，喜欢——侧平举，一般——侧下，不喜欢——下垂。

2.分组（1分钟）

按评价结果，将学生分为五组。

3.深入探索（10分钟）

（1）在A4纸上画出现实的我和理想的我。

（2）结合图画，小组成员轮流说出自己确实存在的三个优点和一个缺点。

（3）分享对大家讲出缺点时的感受，认识自我的优缺点。

4.挖掘优点（15分钟）

（1）小组成员轮流指出其他成员的优点。每个人只指出一个此人确实存在的优点。

（2）被谈论者只允许倾听，不必做任何表示。同时，需在A4纸上记录好小组成员指出的自己的优点。

（3）分享被指出优点时的内心感受，挖掘自己未觉察到的优点。

5.自我和解（5分钟）

（1）用"我喜欢我自己，不管是焦虑还是平静""我喜欢我自己，虽然懒但是也有勤快的时候""我喜欢我自己的自信"等句式写出喜欢自己的20条特点。

（2）小组内分享，并推荐代表全班分享。展示完整的自己，体验自我悦纳。

6.团体动力圈（5分钟）

（1）每个成员说出一个代表自己优点的词。

（2）右手握拳，伸出拇指，与相邻组员互握。

（3）各组同时喊响代表自己优点的词串成的这句话：
"我自信、勇敢、坚强、努力……我喜欢我自己！"

7.总结与评价（2分钟）

（1）领导者对此次团辅成果进行总结。

（2）再次根据对自我的喜爱状况，进行手臂评价。
非常喜欢——手臂上举，比较喜欢——手臂侧上举，喜
欢——侧平举，一般——侧下，不喜欢——下垂。

本次团体辅导活动以班级心理辅导活动课的形式开
展，主题是"爱上更真实的自己"。高中生处于自我意
识发展的关键时期。本次活动依据自我认知的四个步骤，
即客观认识、良好体验、自我评估、自我调控的逻辑递
进设计实施。在第一次团辅活动中，我们开展了团队建
设，拉近了成员之间的心理距离，为后续活动开展奠定
了团队情感基础。成员们运用非文字形式的绘画艺术媒
材表达自己的姓名并介绍自己，从而觉察独特的自我，

运用思维导图探究自我认识的结构，顺利完成了健全自我意识最基础的部分。在第二次活动中，首先引导成员看图创作，记录近期印象最深的事件，把抽象的感受具体化。绘制自画像并以别人的口吻介绍自己，有助于成员觉察别人眼中的自己，体会他人的积极评价。第三次活动设计了自我评价，首尾相同的两个测评相互呼应。通过绘制现实的我和理想的我，成员从多维度探索满意、不满意的自我，真实表达优缺点。成员要学会自己肯定自己，避免将自我评价完全寄托在别人身上。团体动力圈活动环节让成员体验到团队的力量和每个个体不同的优点。在不断的互动和感受中，自我认知不断深化。成员实现和内心和解、整合，进而完全接受自己。整个团辅活动顺利结束，学生们学会了接纳客观存在的自我，能够坦然面对生活中的快乐与痛苦，为未来的生活注入了正能量。不过，图画技术在评估中较难标准化，缺乏统一和客观的评判标准，这对领导者的专业知识背景提出了较高要求。

增强自信

吉首市谷韵民族小学　谭　捷

　　五年级学生正处于自我意识快速发展的阶段，在这个时期，他们开始更加关注自己在他人眼中的形象，对自身能力的认知也在逐渐形成。然而，部分学生由于缺乏全面认识自我的方法，容易出现自我评价过低或过高的情况，进而导致自信心不足，在面对困难时常常退缩，难以有效整合资源解决问题。"增强自信"团体辅导课程，旨在通过一系列多样化的活动，帮助学生客观认识自我，树立自信心，学会整合资源解决问题，促进其心理健康发展。以下是具体方案设计。

方案一　认识我自己

活动目标

帮助学生全面了解自己的优点和缺点，认识到每个人都有独特的价值，理解客观认识自我对个人成长的重要性。

活动准备

课件、便利贴、纸笔、生命树卡纸。

活动内容与流程设计

1.建立团体活动契约（2分钟）

领导者组织全体成员坐下，以清晰明确的语言说明成员在本次团体活动中需要遵守的规则，包括守时、保密、专注、坦诚、不指责、不批评。让学生们了解团体的目标和进行方式，营造安全、信任的活动氛围，为后续活动的顺利开展奠定基础。

2.游戏"太阳照"（5分钟）

教师下达指令："太阳照——照戴眼镜/爱唱歌的人"，符合条件的学生起立。之后，组织学生讨论这些起立同学的共性特征，自然地引出"自我认知"这一主题。该游戏旨在活跃课堂氛围，让学生快速进入活动状态，同时初步引导学生关注自身和他人的特点。

3.自我描述（15分钟）

活动目标：初步探索自我特质。

活动内容与流程：

（1）学生用"我是一个_____的人"句式填写自我评价表，填写内容可从性格、兴趣、能力等方面入手。完成后，在小组内进行分享。

（2）教师选取典型案例在全班展开讨论，引导学生思考"仅关注优点或缺点有何弊端？"，从而总结出全面认知自我的重要性。

4.同伴互评（15分钟）

（1）学生匿名填写同伴评价卡，使用"_____，我喜欢和你做朋友！"的句式。

（2）填写完成后，随机抽取卡片宣读，接受者分享自己听到评价后的感受。

（3）让学生对比自我评价与他人反馈，讨论两者存在差异的原因，进一步完善自我认知。

5.生命树粘贴（3分钟）

将写有自我特质的便利贴粘贴于"生命树"卡纸，教师总结："真实接纳优缺点，方能成长为更好的自己。"

方案二　自信伴我行

活动目标

引导学生学会从不同角度挖掘自身优点，掌握正确的自我评价方法；增强学生的自信心，激发他们勇于面对困难的勇气。

活动准备

小镜子、优点卡、百宝箱。

活动内容与流程设计

1.重温契约（2分钟）

领导者组织全体成员坐下，以清晰明确的语言说明成员在本次团体活动中需要遵守的规则，包括守时、保密、专注、坦诚、不指责、不批评。

2. 优点探索（15分钟）

（1）学生照镜子描述自我形象，组员根据其描述猜测其优点。

（2）学生填写优点卡，可参考"乐观、专注、友善"等词汇，鼓励学生从多角度挖掘自身优点。

（3）教师展示优秀案例，如"擅长绘画""乐于助人"等，为学生提供更多思路。

3. 赞美信传递（20分钟）

（1）学生匿名撰写组员优点卡，投入百宝箱。

（2）随机抽取卡片宣读，让大家猜猜"我是谁"，被猜中者展示才艺。

（3）组织学生讨论"他人评价与自我认知是否一致？"，通过同伴认可增强学生的自信心。

4. 自信宣言（3分钟）

学生手持优点卡，齐声朗读："天生我材必有用！"有效内化积极认知。

方案三　向困难说"不"

活动目标

培养学生在面对困难时，分析问题、整合资源的能力；通过团队活动，培养学生的团队合作精神和积极的情感体验。

活动准备

回形针、一次性纸杯若干。

活动内容与流程设计

1. 挑战预期（10分钟）

（1）让学生预测1分钟鼓掌次数，然后实际尝试，对比预测和实际的结果。

（2）领导者组织学生讨论"为何实际表现常超预期？"，总结"勇于尝试"的意义。

2. 科学实验（15分钟）

（1）让学生猜测水杯可容纳回形针数量，实际投放并记录。

（2）分析数据差异，引导学生类比"困难常被高估"。

3.团队建塔（20分钟）

（1）每组用50个纸杯搭建高塔，要求是纸杯不倒且全员参与。

（2）失败的小组分析原因，寻求教师或同伴帮助。

（3）活动结束后，总结"资源整合与团队协作是破局关键"。

4.资源清单（5分钟）

学生填写"困难应对清单"，如求助老师、分解任务等，并在全班分享，帮助学生学会整合资源解决问题。

通过本次团体辅导活动，大部分学生能够更加客观地认识自我，对自己的优点和缺点有了更清晰的了解。学生们的自信心得到了明显提升，在面对困难时表现出更强的勇气和积极性。同时，学生们也学会了在团队中整合资源、协作解决问题。在活动实施过程中，也存在一些不足之处。部分学生在分享环节较为害羞，不敢表达自己的真实想法，后续可以采用更灵活的引导方式，鼓励这部分学生积极参与。此外，在时间把控上还需进一步优化，确保每个活动环节都能充分展开，让学生有更深入的体验。

提升自我效能感

吉首市民族幼儿师范学校　叶正云　彭永凤

中职生作为职业教育的主体，常因学业压力、社会偏见及自我认知偏差而面临信心不足的困境。研究表明，低自我效能感易引发厌学情绪，影响他们的职业认同与未来发展。为此，设计"自我效能感提升"团体辅导活动，以团体动力学、社会学习理论为基础，通过五次主题递进的互动，帮助学生重塑积极归因模式、建立合理目标、积累成功经验，最终实现自我赋能。本方案注重理论与实践结合，兼顾个体反思与团队协作，为中职生心理健康教育提供系统性支持。以下是具体活动设计与实施流程。

方案一　有缘相聚

活动目标

建立团体成员间的信任关系，明确团体活动规范。

活动准备

A4纸、笔、幕布。

活动内容与流程设计

活动名称	目的	时间	流程
一、团体介绍	让成员明确活动目标与规则。	2分钟	由领导者向全体成员介绍本次活动的重要意义，着重强调保密、尊重等原则，确保每位成员都能清楚知晓。
二、有缘相见	促进成员之间相互熟悉。	12分钟	1.组织成员分组，每组内成员轮流进行自我介绍，自我介绍内容包括姓名和个人爱好。

活动名称	目的	时间	流程
			2.幕布游戏：将成员分成两组，面对面站好，中间拉上幕布。幕布落下后，两组成员需快速说出对方成员的信息，答对更多信息的小组获胜并积分。
三、粘泡泡糖	增强团队凝聚力。	15分钟	全体成员围绕场地缓慢行进，当听到指令（如"粘手掌/肩膀"）时，需迅速按照指令要求进行组队。未能在规定时间内完成组队的成员将被淘汰，游戏结束后，最终获胜者分享参与活动的感受。
四、制定契约	增强成员的团体归属感。	6分钟	组织全体成员共同讨论并制定团体契约，契约内容可包含"准时参与活动""不打断他人发

活动名称	目的	时间	流程
			言"等条款，讨论完成后，成员共同签署契约。
五、反馈与总结	收集成员初期活动体验。	5分钟	发放《团体满意度反馈表》，让成员填写。填写完成后，教师对首日活动进行总结，强调活动的意义和价值。

方案二　合理归因

活动目标

帮助成员识别自身存在的归因偏差，学习并掌握积极的归因方式。

活动准备

音乐、《我的归因特点》问卷。

活动内容与流程设计

活动名称	目的	时间	流程
一、 回顾与导入	自然衔接前后主题。	1分钟	简要回顾上一期活动的主要内容，进而引出本次活动的核心概念——归因。
二、 抢凳子	热身并调动成员情绪。	8分钟	播放音乐，成员围绕摆放好的凳子行走。音乐停止时，成员迅速抢座，未抢到座位的淘汰。淘汰者需分享自己"失败的原因"，引导全体成员思考自身的归因倾向。
三、 坐地起身	让成员亲身体验成败归因。	8分钟	将成员分成若干小组，每组2—4人。小组成员背靠背坐在地上，相互协作共同站起。活动结束后，成功站起和未能成功站起的小组分别分析原因，总结在成功和失败情境下内外控因素的差异。

活动名称	目的	时间	流程
四、 问卷自评	量化成员的归因类型。	12分钟	发放《我的归因特点》问卷，让成员填写。填写完成后，引导成员分析问卷结果：若单数题多选，则表明成员的归因方式偏向外控（如环境、运气等因素）；若双数题多选，则偏向表明内控（如能力、努力等因素）。
五、 理论讲解	强化成员对科学归因的认知。	10分钟	结合韦纳归因理论，深入解析稳定性、可控性等维度。向成员着重强调"努力"是可控因素，引导成员在面对问题时正确归因。
六、 反馈与总结	巩固成员的学习成果。	1分钟	发放反馈表，让成员填写。教师对本次活动进行总结，点明"积极归因是迈向成功的第一步"。

方案三　拥抱自己

活动目标

引导成员全面认识自我，学会接纳自身的优点和缺点。

活动准备

A4纸、卡片、寓言故事。

活动内容与流程设计

活动名称	目的	时间	流程
一、 击掌练习	帮助成员打破自我设限。	2分钟	让成员先预测自己1分钟内的击掌次数，然后进行实测。完成后，组织成员讨论预测与实际结果的差异，分析"能力认知偏差"现象。
二、 自我描述	多角度探索自我。	8分钟	要求成员用"我是____的人"句式，写下10个对自己的描述。完成后，

活动名称	目的	时间	流程
			在小组内进行分享，教师针对成员的分享，点评"全面认知自我"的重要意义。
三、骆驼与羊	引导成员辩证看待自身优缺点。	8分钟	1.为成员讲述寓言故事《骆驼与羊》。 2.组织成员分组讨论"如何平衡自身的长处与短处"，每组推选代表分享讨论启示。
四、优点大轰炸	强化成员的积极自我认知。	12分钟	1.成员先自行写下自己的优点并制作成优点卡，组内其他成员为其补充优点。 2.成员轮流佩戴卡片，聆听其他成员对自己的赞美，并分享内心感受。
五、反馈与总结	促使成员内化悦纳自我的理念。	10分钟	发放反馈表，让成员填写。教师进行总结，强调"真实的自我值得被尊重与喜爱"。

方案四　树立正确的目标

活动目标

掌握SMART原则，制定可行计划。

活动准备

绳子、眼罩、SMART模型卡片。

活动内容与流程设计

活动名称	目的	时间	流程
一、穿越火线	让成员体验目标导向行动的差异。	8分钟	布置绳阵后，成员蒙上眼睛穿越。穿越结束后，组织成员讨论"盲目行动与明确目标行动之间的差异"。
二、目标重要性	强化成员的目标意识。	12分钟	分享一些因明确目标而取得成功的案例，引导成员讨论目标对个人发展的重要性，分享自己对目标的理解和看法。

活动名称	目的	时间	流程
三、 SMART 神水	帮助成员实践科学目标制定。	15分钟	1.向成员发放标有SMART原则的"神水"（此处"神水"可理解为形象化的道具，如卡片等，上面标注了SMART原则的具体内容）。 2.引导成员结合自身实际情况，依据SMART原则撰写具体、可衡量的短期目标。
四、 反馈与总结	深化成员对目标管理的认知。	12分钟	发放反馈表，让成员填写。教师总结本次活动，强调"清晰的目标是成功的导航仪"。

方案五 体验成功

活动目标

助力成员积累成功经验，有效提升自我效能感。

活动准备

报纸、存钱罐、励志视频等素材。

活动内容与流程设计

活动名称	目的	时间	流程
一、同舟共济	让成员感受团队合作的力量。	6分钟	将一张展开的报纸铺在地上，全体小组成员站到报纸上，保证脚不能落在报纸以外的地面。之后，将报纸一次次对折，各小组需想办法让所有成员始终能站在报纸上。
二、人椅挑战	强化成员间的信任与坚持精神。	12分钟	全体成员围成一圈，依次坐在身后成员的腿上，形成"人椅"。在过程中，成员一起喊出口号，如"坚持就是胜利"，共同讨论"坚持与信念对成功的影响"。

活动名称	目的	时间	流程
三、 励志视频	激发内在动力。	10分钟	播放俞敏洪等成功人士的演讲视频，视频结束后，组织成员讨论"普通人如何通过努力实现逆袭"。
四、 成功存钱罐	帮助成员积累正向经验。	8分钟	成员书写自己过往的个人成功案例，投入存钱罐中。同时，制定一份"未来成功清单"，明确自己未来想要达成的目标。
五、 反馈与总结	全面总结团体活动收获。	4分钟	发放反馈表，让成员填写。教师对整个团体活动进行总结，点明"每一次小成功都是自信的基石"。

本次"自我效能感提升互助小组"团体辅导活动，围绕中职生面临的实际困境精心规划了五个方案，各方案紧密相连、环环相扣，从多个维度助力学生成长。在

活动实施过程中，虽然每个方案都有其独特的侧重点，但它们共同构成了一个有机的整体。从最初的建立关系，到逐步引导学生在认知、情感和行为上做出改变，最终实现自我效能感的提升。然而，在活动开展过程中，也可能会遇到一些问题，比如部分学生参与度不高、活动时间把控不够精准等。针对这些问题，在后续开展类似活动时，可以进一步优化活动设计，增加活动的趣味性和吸引力，根据学生的实际情况灵活调整活动时间和节奏。总体而言，本次团体辅导活动对于中职生的心理健康和个人发展具有重要意义。希望通过这些活动，能够帮助中职生打破自我束缚，以更加积极自信的姿态面对学习和生活中的挑战，为他们未来的职业发展和人生道路奠定坚实的基础。

第二章 学习心理

　　在快节奏的现代社会中，学习不仅是知识的积累，更是心理能力的锻造。本章聚焦"学习心理"这一核心议题，通过"我的时间妙法""时间小管家""好奇探索之旅"等创新实践，深入探讨如何帮助学生在时间规划中实现自律与平衡，在好奇驱动下激活求知欲与创造力。这些活动以心理学理论为基石，结合真实学情设计，既回应了当下学生因学业压力、电子依赖等产生的困扰，也为教育者提供了可操作的解决方案。

我的时间妙法

凤凰县箭道坪第三小学　　文　静

《中小学心理健康教育指导纲要（2012年修订）》中明确指出，小学中年级的教育内容包括增强时间管理意识，帮助学生正确处理学习与兴趣、娱乐之间的矛盾。学习时间管理能帮助学生合理地规划时间，平衡学习和生活，进而提高学习效率，促进学生自律意识的培养。因此，培养学生管理时间的意识尤为重要。随着学习任务的增加，许多小学生在时间管理方面遇到了挑战，导致学习效率低下和压力增大。通过"我的时间妙法"时间管理心理团体辅导，可以有效帮助学生掌握时间管理技巧，提高学习效率，减轻心理负担。以下是具体活动设计与实施流程。

一、活动目标

1.帮助学生深入理解时间管理的重要性，强化时间管理意识。

2.引导学生掌握实用的时间管理技巧，提高时间利用率，并能将合理安排时间的方法运用到日常生活中。

二、活动准备

实验工具、PPT、板书工具、学案纸等。

三、活动内容与流程设计

1.团体热身（3分钟）

（1）让学生持续鼓掌1分钟，亲身感受1分钟的时长。

（2）共同观看1分钟精彩视频，引导学生对比鼓掌与观看视频时对1分钟的不同感受。

（3）领导者引出当天与时间管理相关的心理课程。

2.团体转换（15分钟）

（1）创设情境：解决小明时间管理的难题。感受小明的学习日，引导学生对小明剩余8小时可自由支配的时间进行大胆猜想。

（2）活动一：砂石实验。假设空罐子代表小明一天内可自由支配的8小时时间，海洋球、乒乓球、小木块、沙子代表小明想要做的不同的事情。组织学生进行小组合作实验，要求学生按照一定顺序，将四样物品放进小瓶子，以能盖上盖子为成功标准。由于摆放顺序不同结果各异，借此引出第一个时间管理妙法——要事先行。

（3）组织学生交流小明的两个事例，分别从中引出第二、三个妙法：作息规律、劳逸结合。

3.团体工作（12分钟）

（1）活动二：制作我的时间烙饼。学生利用总结出的三个时间妙法，制作时间烙饼，合理规划自己除睡觉外的时间安排。

（2）小组分享：小组成员依次展示并分享自己的时间烙饼，简要介绍规划时间的思路。

4.团体结束（10分钟）

（1）领导者讲解21天法则，向学生说明坚持重复行为21天有助于形成稳定习惯的原理。

（2）引导学生课后每天花费5分钟制作计划表，并坚持打卡21天，逐步养成合理规划时间的习惯。

四、活动反馈

在本次团辅活动中，借助小明的事例，引导学生自主规划一日时间，有效提升了学生的自我管理能力，帮助学生学会平衡学习与娱乐的关系。活动特别设计了"砂石实验""制作时间烙饼""21天打卡"等环节，充分调动了学生的学习积极性。

整个团辅活动圆满结束，学生们收获颇丰。他们学会了制定合理的时间表、对任务进行优先级排序以及提高时间利用效率的方法。能够依据自身实际情况，合理分配学习、休息和娱乐时间。通过学习与实践，学生们能更准确地识别和排序任务优先级，有效避免因时间管理不当导致的拖延和压力问题，在有限时间内完成更多任务，学习效率显著提高。同时，合理的时间管理使学生们的学习压力和焦虑情绪得到有效缓解。

附：学案纸材料准备

时间烙饼：我周末的一天

姓名：

导语：请选择周末的一天，对早上7点至晚上9点的时间段进行合理安排。在相应的区域内可以涂上自己喜欢的颜色，并且写上事件名称。

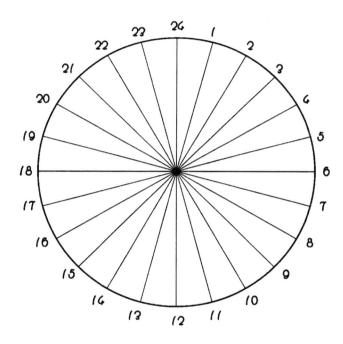

时间小管家

古丈县第二小学　彭珍珍

　　在信息爆炸与快节奏生活的双重冲击下，时间管理能力已成为影响学生学业成绩与个人成长的关键因素。对于留守儿童而言，家庭监管的缺失与复杂的学习环境，让他们在时间管理上面临更为严峻的挑战。古丈县第二小学通过综合测评发现，学生在家庭作业完成效率、作息规律及电子设备使用等方面存在明显问题，急需科学的干预措施。为此，学校创新设计了"时间小管家"团体辅导活动，该活动以趣味游戏、情景模拟与互动实践为主要形式，旨在帮助学生认识时间的价值，掌握时间管理技巧，逐步构建高效有序的学习生活模式。本文将详细阐述该活动的目标、设计与实施路径，为提升学生时间管理能力提供可操作的范例。

方案一　时间的秘密

活动目标

帮助学生认识时间的重要性，了解时间管理的基本原则。

活动准备

信件与纸箱、铅笔、A4纸、尺子、课件。

活动内容与流程设计

1.建立团体活动契约（2分钟）

全体成员就座后，领导者向大家说明成员需要遵守的规则，包括守时、保密、专注、坦诚，以及不指责、不批评他人等。

2.随机分组（5分钟）

所有同学围成一个圈，从1到6循环报数，报数相同的同学自动形成同一小组。共分为8组，每组6人，每组推选一名组长。

3.游戏"闹钟人"（8分钟）

所有团队成员站立，围成一个圈，开始进行"闹钟人"游戏。领导者宣布规则：当听到指令"12点"时，成员需举起双臂；听到"3点"或"9点"时，双臂平放；听到"丁零零……"时，耸耸肩膀。成员们要根据领导者的指令迅速做出相应动作。

4.一分钟体验小屋（5分钟）

领导者要求学生们闭上眼睛，静静感受一分钟的时长，当自己感觉一分钟时间到了，就睁开眼睛并举手示意。领导者进行一分钟计时，时间结束后，组织成员在小组内交流感受。

5.时间魔法师（12分钟）

领导者拿出提前准备好的装有"魔法师"信件的魔法箱，学生们从魔法箱中取出信件后，按照信上的要求开始完成各项任务，领导者随即开始一分钟计时。时间结束后，请学生们分享自己在这一分钟内的感受。

6.时间量尺（8分钟）

领导者要求学生们拿出提前准备好的"时间量尺"，并给出指导语："假设你可以活到100岁，一直读书到24岁，请把24岁以后不读书的时间撕掉；接着撕掉8岁以前的部分，再撕掉12岁到24岁中学和大学的时光，现在手中剩下的这一段纸条，就代表了我们小学阶段的时光。"学生们撕完纸条后，相互交流自己的感受。

方案二　时间的规划

活动目标

通过实践活动，让学生亲身体验时间管理的效果，巩固所学的时间管理知识。

活动准备

课件、印有圆圈12格的学案纸、彩色铅笔、全开大白纸。

活动内容与流程设计

1.游戏"抓与逃"（5分钟）

学生右手食指向上，左手手掌向下，同一横排互相连接。当领导者念到"时间"的时候，学生要迅速用右手食指逃离，同时用左手手掌去抓旁边同学的食指。

2.情景再现"为他支招"（10分钟）

（1）情景再现与提问：小A遇到了烦恼。今天12:30–13:30，小A要参加英语单词竞赛，然而数学课代表通知大家老师会来讲错题，并且作为中队长，小A应该参加学校大队委会议，可小A原本计划中午看借来的漫画书。领导者提问："如果你们是小A，会如何应对这种情况呢？"

（2）学生回应与任务布置：听取学生的回答和建议，回答完后，领导者随即要求学生在三分钟内完成小A的时间规划。

3.四象限法介绍（10分钟）

（1）指导学生在学案纸上画出四象限，并向学生讲解四象限法则的内容。

（2）领导者总结，依据四象限法则管理时间更科学。

重要紧急的事情不一定要安排过多时间，重要不紧急的事情则需要多分配一点时间；处理完重要的事情后，再安排不重要但紧急的事情；不重要不紧急的事情的时间安排应该放在最后考虑。

4.我是时间小管家（15分钟）

（1）领导者再次要求学生以小组为单位讨论，为小A提供解决方案。组长负责记录本组一致认为最可行的办法，并在全班进行分享。

（2）领导者总结，对比两次给小A支招的情况，让学生明白在规定时间内完成多项任务时，有时需要根据实际情况调整时间规划表。

（3）各小组将学案纸贴在标题为"我是时间小管家"的全开大白纸上，作为活动成果留存纪念。

在第一次"时间的秘密"团辅活动中，学生们通过游戏和小组讨论，普遍认识到了时间的重要性以及自己在时间管理方面存在的不足，并且表达了改善时间管理的强烈愿望。在第二次"时间的规划"活动中，学生们通过模拟挑战，亲身体验到了时间管理的重要性。在团体协作过程中，他们不断调整自己的时间规划表，总结出了有效的时间管理方法和策略。整个团辅活动顺利结束，学生们展示了自己在时间管理方面的改变和收获，以此时刻提醒自己要将所学知识应用到日常生活中，努力成为优秀的"时间小管家"。

好奇探索之旅

吉首市芙蓉学校　龙燕华

　　小学中年级学生正处于从形象思维向抽象思维过渡的关键时期，在这一阶段引导学生保持好奇心，激励他们积极探索周围世界，不仅有助于培养学生的求知欲和创造力，更能为国家培养创新型人才奠定坚实基础。为此，学校创新推出"好奇探索之旅"团体心理辅导活动。以下是具体方案设计。

一、活动目标

　　1.帮助学生认识到好奇源于问题，并让他们体验到求知带来的乐趣。

2.引导学生学会发现问题、提出问题，并尝试解决问题，进而将这种能力运用到日常生活中。

二、活动准备

视频教学课件、纸箱、每组两瓶不同口味饮料、每人一张空白纸条。

三、活动内容与流程设计

1.建立团体活动契约（2分钟）

全体成员就座后，活动领导者向大家详细说明成员需遵守的规则，包括守时、保密、专注、坦诚，以及不指责、不批评他人等。

2.随机分组（3分钟）

所有同学围成一个圈，从1到6循环报数，报数相同的同学自动组成一组。共分为8组，每组6人，每组推选一名组长。

3.游戏"好奇城堡"（5分钟）

（1）活动开始，领导者向学生们表示欢迎来到幸福学堂，告知大家要一同前往一座神秘岛屿并拜访城堡主人。播放一段视频，引发学生好奇。

（2）领导者展示一个绿箱子，询问学生看到箱子后的第一个疑问。待学生回答后，揭示箱子秘密，拿出写有"VC"字样箱子里的两瓶"VC汁"，并告知学生这是小博士实验室的样品，小博士正在研发的新产品与之相关。

4.游戏"好奇妙妙问"（10分钟）

（1）领导者为每个小组发放2瓶未打开瓶盖的VC汁，要求小组观察样品并自由讨论，提出有意思、有挑战性且多种多样的问题，每个人将其中一条问题记录在空白纸条上，讨论时间为4分钟，最后1分钟用于书写。

（2）全班同学自由走动，进行"好奇问题对对碰"。每个人拿着问题纸条与其他人交换，如果问题相同，双方点头微笑后继续寻找下一位同学；若提问角度不同，则互相交换纸条。活动时间为2分钟，最后10秒钟，学生需坐回原位。

（3）学生分享自己提出的好奇问题，并将问题纸条贴到黑板上，领导者在学生分享过程中随机进行点拨，引导学生发现好奇问题的提问方向。

5.好奇故事（10分钟）

（1）领导者让学生从之前提出的问题中，挑选出可以现场讨论或解决的问题进行讨论。

（2）领导者引导学生思考在现实生活中遇到过的好

奇问题，以及自己的发现和探索过程。接着，领导者提出一系列有趣的问题，如"有人认为冰可以取火，你好奇吗？""金字塔是怎么建成的？"等，让学生通过拍手或双手交叉放于胸前表示是否好奇。

（3）学生书写自己的好奇故事，并用快速涂鸦的形式复述故事和探索过程。小组成员互相分享故事，每组选派代表进行现场分享。

6.好奇提醒（8分钟）

（1）播放一段视频，展示小博士的第二封信。领导者指出，提出疑惑并尝试解决疑惑是好奇的表现，肯定现场积极参与的学生。

（2）接着，领导者出示蓝箱子，从中拿出一张带有大黑点的纸，介绍其代表宇宙中的黑洞，引发学生对探索黑洞的联想。

（3）随后，通过PPT展示一些生活中的好奇事件，引导学生判断在面对这些情况时能否轻易尝试，强调在好奇探索过程中要注意安全。

7.好奇启发（2分钟）

活动领导者让学生用一个词语表达本节课的感受，强调生活中深入探索学习的重要性，指出好奇是求知的动力，它无处不在，能够引发创意、创造奇迹。

四、活动反馈

本次"好奇探索之旅"团体心理辅导活动，通过一系列精心设计的环节，成功激发了学生的好奇心，引导他们迈出探索求知的步伐。在"好奇城堡"游戏中，学生们初次体验到对未知事物产生好奇的感觉，开启了探索的欲望；"好奇妙妙问"环节，让学生学会从不同角度观察、思考并提出问题，锻炼了他们的思维能力；"好奇故事"分享，让学生们相互交流探索经历，拓宽了视野，也让大家看到了好奇在生活中的多样表现；"好奇提醒"则为学生们的好奇探索指明了安全方向，确保他们在探索过程中能够保护好自己和他人。

活动结束后，学生们对好奇有了更深刻的理解，认识到好奇不仅是一种对新鲜事物的兴趣，更是推动学习和成长的强大动力。他们学会了发现问题、提出问题，并且在探索过程中尝试解决问题。希望学生们能将在活动中收获的知识和体验，运用到今后的学习和生活中，时刻保持好奇心，不断探索周围的世界，将好奇转化为知识财富，让好奇引领自己创造更多的可能，在成长道路上不断进步。

注意力提升训练营

舒　暖　周立林　阳　群　张　洁

　　在信息过载与多任务处理的现代学习环境下，注意力已成为影响学生学业表现与心理健康的关键因素。对于初中生来说，青春期身心的快速变化与日益增长的学业压力，让他们在课堂专注力和学习效率方面面临诸多难题。花垣县第三中学的心理测评数据显示，来自留守家庭的学生，在学习焦虑和注意力分散问题上表现得尤为明显。为此，学校依托"武陵人才支持计划"舒暖名师工作室的专业资源，创新设计了"注意力提升训练营"团体辅导活动，通过心理游戏、冥想训练与体育互动等多种形式，帮助学生认识注意力品质、掌握提升注意力的技巧，并逐步构建高效的学习模式。以下是具体活动设计与实施流程。

方案一　心理聚光灯——注意力及其品质

活动目标

1.帮助学生认识注意力及其品质，加深学生对注意力的理解。

2.激发学生对提升注意力的兴趣，增强其参与活动的主观能动性。

3.让学生体会团队在注意力提升过程中的影响。

活动准备

教学课件、音频、每人一支水笔和一张A4纸、彩笔若干。

活动内容与流程设计

1.建立团体活动契约（2分钟）

全体成员就座后，活动领导者向大家详细说明成员需要遵守的规则，包括守时、保密、专注、坦诚，以及不指责、不批评他人等内容。

2.随机分组（3分钟）

所有同学围成一个圆圈，按1到6循环报数，报相同数字的同学自动组成一组。此次活动共分为8组，每组6人，每组推选一名组长负责组织协调小组活动。

3.游戏"反口令"（5分钟）

（1）首先，领导者介绍游戏规则，即当教师下达点头指令时，学生要做出摇头动作；教师说抬头时，学生需低头，学生的动作要与口令相反，且反应速度逐渐加快。

（2）游戏结束后，领导者进行总结，向学生强调当注意力不集中在口令或自身意识上时，就容易出现不知如何做或做错的情况，只有集中注意力，才能又快又准地完成活动任务。

4.一封求助信（10分钟）

（1）领导者用多媒体呈现一封学生的求助信："老师，您好！最近，我学习中遇到了一点问题，为此很烦恼，希望您能帮帮我。我上课的时候总是东张西望，思想走神，坐不住，老想动一动或找同桌说说话，不能专注地听老师讲课。有时候我也想认真听讲，可听着听着心思就不在课堂上了，开始胡思乱想，等回过头来，老师已经快讲完了。课后很自责，作业不会做，后悔上课的时候没有好好听。也曾暗暗发誓，下节课一定好好听，可是下节课类似的事又发生了。老师，您说我该怎么办呢？"

（2）组织学生进行小组讨论，要求每人说出一个该同学存在的问题，其他同学认真聆听。全部发言结束后，小组共同讨论确定最主要的问题。最后，教师进行总结，再次强调注意力集中的重要性。

5.冥想（5分钟）

（1）引导学生找一个舒适的坐姿，让他们深呼吸，闭上眼睛，用心感受自己和周围的声音。接着，引导学生在脑海中想象出现一个点，然后这个点逐渐延伸成线，再变成三角形，之后又变回点；再次展开想象，从点到线，再变成正方形，最后回到点；最后一次，从点到线，形成任意形状后再变回点。

（2）结束冥想后，让学生察觉自己在练习前后的变化。

6.注意力品质（15分钟）

（1）让学生将A4纸对折两次，分成四个格子，在每个格子里分别画出一个阅读书籍一目十行的人、一个"充耳不闻"的人、一个边开车边打电话的人、一个因为生气而出门散步的人。

（2）绘画完成后，组长组织组员轮流介绍自己所画的内容及给各个画面取的名字，小组讨论后选定四名同学在全班进行分享。

（3）最后，领导者进行总结，向学生讲解注意力的稳定性、广度、转移和分配是注意力品质的四个方面。

方案二　体育与注意力训练

活动目标

1.通过体育游戏的方式，对学生进行注意力训练。

2.让学生在游戏中体会乐趣，感受团队合作的力量。

3.提升学生将注意力运用到实际生活和学习中的能力。

活动准备

1根25米长的静力绳。

活动内容与流程设计

1.建立团体活动契约（2分钟）

全体成员在户外集合，活动领导者再次强调成员需遵守的规则，包括守时、保密、专注、坦诚，以及不指责、不批评他人等。

2.丢手绢（5分钟）

所有同学围坐成一个圆圈，由一人拿手绢丢给另一位同学，同时喊出一个数字。在被丢手绢的同学接住手绢并喊出该数字之前，丢手绢的人要完成把手绢传递到下一个人的动作。

3.坐地起身（18分钟）

（1）首先，领导者介绍游戏规则，即三人席地而坐，双脚弯曲，双手放在身体两侧钩肘，互相紧紧靠背，通过腹部用力一起起身。

（2）介绍完规则后，学生进行尝试性练习。练习结束后，组织比赛，分别进行三人组、六人组、九人组的比赛，由教师记录每组的胜出者。

（3）比赛结束后，组织学生分享感受，八人一组，围成小圈席地而坐，讨论活动带来的体验。每组选派代表进行分享，内容包括胜出的经验、失败的反思以及值得改进的地方，要求发言尽量不重复。

（4）领导者进行小结，向学生说明该活动对身体有益，且不同人数的小组对每个人用力方向的要求不同，在活动过程中，学生不仅要注意自身动作，还要兼顾旁边的同学，活动人数越多难度越大，只有团队密切合作才能取得成功。

4.团体动力圈（10分钟）

（1）全体同学围坐成一个大圆圈，每人手握静力绳，身体向外倾倒，感受动力将所有人连接成一个完整的圈。接着，每人紧握静力绳，按顺时针方向转动圆圈，同时齐声从1数到20，完成则视为活动挑战成功。

（2）全体起立，每人紧握静力绳，将绳子绷紧成圈。推选一名体形轻盈的同学在静力绳上"踩钢丝"，在老师和志愿者的保护下完整走一圈，成功后再推选一名体形壮实的同学进行同样挑战。

（3）挑战结束后，组织学生思考、讨论并分享成功完成动作所依靠的因素。最后，领导者进行小结，向学生说明准备时同学们围坐的间隔、挑战者的体重分布等会影响动力圈，活动开始后，团体的均衡用力、保护者的注意力分配和转移都会对最终效果产生影响。

5.出谋划策（5分钟）

（1）引导学生回顾方案一中那封求助信，再次为求助的同学提供解决注意力不集中问题的建议。

（2）学生分享各自的想法后，领导者进行总结，告知学生可以运用注意力三策略，同时强调多运动也有助于提升注意力。领导者向学生强调注意力如同心理聚光灯，是学习的重要窗口，希望同学们在今后的学习过程中，都能打开这扇"注意之窗"，让知识能够更好地被吸收。

本次"注意力提升训练营"团体辅导活动，通过两个方案、多个环节的精心设计与实施，取得了显著的成效。在方案一中，借助建立契约、随机分组、趣味游戏、冥想练习以及对注意力品质的深入探讨，帮助学生全面认识了注意力及其重要性，激发了他们提升注意力的主观能动性。方案二则巧妙地将体育游戏与注意力训练相结合，让学生在轻松愉快的氛围中，切实感受到团队合作与注意力之间的紧密联系，有效提升了他们的注意力集中性、分配能力以及在实际场景中的运用能力。活动结束后，学生们对注意力有了更为深刻的理解和认识，掌握了一系列提升注意力的方法和技巧。在今后的学习和生活中，希望学生们能够将在活动中所学所悟运用起来，时刻保持专注，提高学习效率，积极应对各种挑战。同时，学校和教师也应持续关注学生的注意力发展状况，适时开展相关活动，为学生的成长和发展提供有力支持，助力学生在知识的海洋中不断探索前行，实现全面发展。

神奇笔记术

泸溪县第二中学　张　晶

　　每到学期末，总有许多同学陷入相似的困惑：明明开学时制定了详细的学习计划，却在执行中屡屡受挫，最终成绩未能达到预期。如何打破这一循环？答案或许就藏在"如何思考"与"如何记录"之中。"神奇笔记术"课程通过教学"空·雨·伞"黄金三分法，帮助学生将模糊的愿望转化为清晰的行动路径，引导学生理解笔记对个人学业管理的重要性，进而客观地评价自己的学习状态、找到解决问题的办法。

一、活动背景与目标

活动背景：本课程面向初中学生，以麦肯锡公司的结构化思维与笔记整理方法为理论基础，旨在帮助学生摆脱"计划与行动脱节"的学习困境。通过引导学生认识笔记的重要性，掌握"空·雨·伞"黄金三分法，系统梳理学习过程中的不足，并依据个人实际情况，制定切实可行的改进策略。课程借助案例分析和实践指导，让学生掌握目标分解、时间规划等具体方法，逐步形成自主管理、持续进步的学习模式。

活动目标：

（1）知识层面：帮助学生理解笔记作为思维整理工具的核心价值。

（2）技能层面：让学生学会用结构化方法记录和分析问题。

（3）态度层面：培养学生反思与自律的学习习惯。

二、活动实施步骤

（一）认识笔记

在正式学习麦肯锡笔记法之前，首先需要明确笔记的意义。笔记不仅仅是用文字或图表对知识的简单记录，它更是一种归纳总结、复习巩固的有效工具。通过笔记，我们能够梳理思维脉络，加深对知识的理解，构建系统的知识体系。更重要的是，笔记是思维的直观呈现，反映了我们的思考过程和方法。因此，学会记笔记，实质上就是学会高效地思考。

（二）麦肯锡笔记法

麦肯锡笔记法是世界顶级咨询公司麦肯锡的重要工作方法之一，其核心在于培养结构化思维和问题解决能力。它采用"空·雨·伞"的黄金三分法，将笔记整理分为三个关键步骤：观察事实（空）、分析原因（雨）和制定解决方案（伞）。

观察事实（空）：这是笔记整理的第一步，要求我们客观、全面地观察和分析问题或现象。在学习中，这意味着我们需要仔细观察自己的学习情况，识别出存在的问题或不足。比如，成绩下降、学习效率低下等。

分析原因（雨）：在观察事实的基础上，我们需要进一步分析问题的根源。这一步骤要求我们运用批判性思维，深入挖掘现象背后的原因。例如，成绩下降可能是因为学习方法不当、时间管理不善或缺乏自律等。

制定解决方案（伞）：针对分析出的原因，我们需要制定具体的解决方案。这一步骤强调实践性和可操作性，要求我们将抽象的解决方案转化为具体的行动步骤。比如，针对时间管理不善的问题，我们可以制定详细的学习计划，合理分配时间，确保每项学习任务都能得到充分的关注和执行。

（三）动手实践："空·雨·伞"笔记的制作与应用

理论学习之后，动手实践有助于让学生熟悉空雨伞笔记的操作方式。在老师的指导下，学生们开始尝试制作空雨伞笔记。首先，他们选取一个自己感兴趣或困惑的问题作为关注对象，例如"如何提高英语阅读能力"。接着，按照"空·雨·伞"的框架，依次梳理出观察到的事实、分析出的原因以及制定的解决方案。

在制作笔记的过程中，学生们发现，将问题拆分成不同的部分进行思考和记录，不仅有助于他们更深入地理解问题，还能激发他们的创造力，产生更多新的想法和解决方案。此外，通过对笔记的整理和回顾，学生们还能清晰地看到自己的思考轨迹和进步过程，从而增强自信心和学习动力。

三、活动成果与反思

在本节课中，通过理论与实践相结合的方式，学生系统学习了麦肯锡笔记法的核心理念和操作方法。课程以"空·雨·伞"黄金三分法为核心框架，引导学生从观察现象、分析原因到制定解决方案，逐步掌握结构化思维与问题解决的技巧。麦肯锡笔记法的价值不仅体现在其结构化的思考模式上，更在于它能够帮助学生建立起"反思—分析—行动"的自主学习循环。通过不断的反思和改进，学生们能够逐步提升自己的学习能力和问题解决效率。

在动手练习环节，学生尝试将个人学习或生活中的困惑代入"空·雨·伞"模型，学会了客观地评价自己的学习状态，识别出存在的问题和不足。同时，他们还学会了如何运用批判性思维和分析技巧，深入挖掘问题背后的原因。这一过程中，学生们不仅掌握了笔记整理的技能，更培养了自律、坚持和解决问题的能力。

学习与创造

湘西自治州民族中学　舒　暖

　　在知识更新加速与创新能力日益成为核心竞争力的今天，高中生的学习模式正经历着从被动接受到主动创造的深刻转型。然而，沉重的学业负担、固化的思维模式以及对创新价值认识的不足，致使众多学生在"学会学习"与"学会创造"的道路上陷入迷茫。基于《中小学心理健康教育指导纲要（2012年修订）》中"培养学生主动学习能力"的要求，湘西自治州舒暖名师工作室精心设计并开展了"学习与创造"团体辅导活动。该活动以脑科学理论与创造性思维训练为基础，通过"齐眉棍"协作挑战、图形联想创意训练、时装设计实践等丰富多样的互动形式，助力学生突破思维边界，探索高效学习策略，并在团队协作中体验创新带来的成就感。以下是具体方案设计。

一、活动目标

1.引导学生通过一系列训练，切实感受思维的创造性，激发创新思维的活力。

2.帮助学生深入了解大脑的运作机制，从而激发学习动力，探寻学习的价值与意义。

3.让学生在团队活动中体会团队协作的影响力，同时享受个性化表达带来的愉悦感。

二、活动准备

课件，每组一根棍子、一幅图，每人一支水笔、一张A4纸，彩笔若干，每组一些材料纸，双面胶、便利贴。

三、活动内容与流程设计

1.建立团体活动契约（2分钟）

全体成员就座后，活动领导者向大家详细说明戒员需遵守的规则，包括守时、保密、专注、坦诚，以及不指责、不批评他人等。

2.游戏"齐眉棍"（8分钟）

（1）将学生分成6组，每组8人。每组成员依次排成一排，其中1、3、5组的成员向后转，与2、4、6组的成员两两相对站立。每位同学伸出食指，共同托住一根棍子，将棍子调整到小组中最矮同学的眉毛高度，然后缓缓下降至桌面，在整个过程中手指不能离开棍子。

（2）游戏结束后，领导者进行总结，向学生强调挑战是培养成长型思维的关键要素，在不断挑战、经历失败后再次挑战的过程中所获得的进步感，正是成长型思维的核心所在。

3.与众不同（15分钟）

（1）选择：领导者展示四个选项，分别为书、彩电、橙汁、时装。组织学生以小组为单位进行讨论，选出一种他们认为"与众不同"的物品，并阐述理由。之后，教师要求学生找出其中的同类物品，并再次说明理由。

（2）添画：让学生将A4纸折出25个格子，在每个格子里画出任意三角形，然后发挥想象，将这些三角形添画成各种各样的物品。完成添画后，学生进行分享展示。

（3）联想：为每组发放一张没有任何文字且随机选择的图片，图片内容涵盖风景、人物、动物、机械、服饰等。小组成员共同观察图片，将脑海中浮现的关键词逐一写下来，并把这些关键词与创新主题进行联想。由组长负责在便利贴上记录小组讨论产生的新点子，之后在组内进行分享交流。

（4）领导者进行总结，向学生说明联想是创意产生的关键环节，也是设计思维的重要基础。图片联想作为一种强制联想方式，对激发创意具有重要作用。以上三个活动分别从求异、求同、求合三个角度进行了创意训练，让大家明白，具有实用性和可行性的创意就是创新。

4.时装设计与展示（15分钟）

1.小组时装设计：每组组长组织组员进行明确分工，涵盖时装设计、舞美、模特、解说等工作。利用提供的各种材料模拟制作时装，并为时装秀展示做好充分准备。

2.展示与点评：每组依次展示设计完成的时装、同时阐释设计的创意来源以及小组内的分工情况。由活动领导者和各小组组长组成评委团队，从时装的新颖性、观赏性、实用性等多个维度进行评分。

3.领导者总结本次活动，向学生讲解创造性思维的过程，强调其离不开推理、想象、联想、直觉等多种思维活动的协同作用。一项创造性思维成果往往需要经过长期的探索、艰苦的钻研，并克服多次挫折才能取得，而创造性思维能力也需要通过长期的知识积累、逻辑训练以及素质磨砺才能逐步具备。

四、活动反馈

本课程基于项目式学习的理念进行设计与实施。在当今时代，创新和实践能力是学生面向未来挑战所必需的关键能力，也是素质教育对学生的重要要求。以"学习与创造"作为活动主题，旨在帮助学生更深入地应对和解决进入高中后所面临的学习困惑与压力。

在"齐眉棍"游戏中，学生从最初出现问题时的互相指责，逐渐转变为主动沟通、协调策略，这一变化充分体现出成长型思维的初步形成。在"与众不同"环节，学生通过"求同—求异—求合"三阶段训练，初步掌握了发散性思维与逻辑推理的结合方法。部分学生反映"时装设计"环节因时间紧张，导致创意未能充分呈现。未来将优化活动流程，增设"创意孵化期"，允许学生在课外完善作品。

我和拖延君的故事

花垣边城高级中学　　阳　　群

拖延，这一看似不起眼却极具破坏力的行为，常常在我们的生活中悄然出现。拖延不仅关乎学业成绩，更与心理健康、个人成长息息相关。为引导学生科学认知拖延行为的本质及其心理动因，掌握有效应对策略，本课程设计"我与拖延君的故事"团体辅导活动，通过理论解析、案例研讨、具象化表达及行动规划等环节，助力高中学生理解拖延现象的复杂性，激发自主改变的内在动机，学会与"拖延君"对话，将拖延转化为清晰的行动。

一、活动背景与目标

活动背景：学生面临着学业压力的陡然增加，学习任务日益繁重且难度不断提升，拖延行为在学生群体中愈发普遍。有些学生明明清楚任务紧急，却总是难以即刻付诸行动；还有些学生在任务开始前，总能找出各种借口拖延，直至最后时刻才仓促应对。这种行为不仅致使学习效率大幅下降，还让学生陷入自责、懊悔等负面情绪的泥沼，严重影响了他们的心理健康和学业成绩。拖延行为背后隐藏着复杂的心理机制，如对即时满足的偏好、完美主义倾向等。这些心理动因让学生在明知后果不利的情况下，仍会不由自主地、非理性地推迟计划。因此，准确识别拖延背后的心理机制，对改善学生的学习效能与心理健康具有现实意义。

活动目标：

（1）认知目标：帮助学生理解拖延的复杂性，认识其在不同生活领域的表现形式，以及拖延行为背后的心理动因。

（2）情感目标：引导学生体会拖延带来的短暂愉悦和长期负面情绪，从而增强改变拖延行为的内在动力。

（3）行为目标：借助自我觉察工具，帮助学生识别拖延行为背后的心理需求，并实践科学应对策略，如时间管理四象限法则等，打破"知道却做不到"的困境。

二、活动实施步骤

（一）暖身活动：行不由衷

活动开始，首先进行一个简单的暖身游戏——"行不由衷"。游戏规则为领导者发出指令（如"举手""闭眼"），学生需立即做出相反动作。这一游戏巧妙地隐喻了拖延中"明知该做而不为"的矛盾心理，迅速吸引了学生的注意力，自然且顺利地引出了课程主题。

（二）转换阶段：理解拖延的多维面孔

领导者播放一段名为《开学前夜》的短片，短片真实展现了学生因拖延导致"临时抱佛脚"的典型场景。短片中的情节与学生们的日常生活紧密相连，引发了他们的强烈共鸣。

接下来，要求学生用图形、颜色等具象化"拖延君"，并描述"拖延君"出现的场景及引发的情绪。有的学生用红色漩涡象征拖延带来的焦虑感，有的学生用绿色黏液象征拖延时的黏滞感。这一环节让学生更加直观地感受到拖延的负面影响，同时也为他们提供了一个表达内心感受的契机。

绘画表达完成后，领导者鼓励学生分享自己的作品和感受。通过学生的分享和领导者的总结，师生共同归纳出了拖延的三重特征——如影随形、效率干扰、情绪双刃剑。这一环节进一步加深了学生们对拖延行为的理解。

（三）工作阶段：解码拖延君的心理需求

在这一阶段，领导者首先向学生介绍拖延的四大心理动因——自主权争夺、即时满足偏好、完美主义陷阱和情绪调节失效。通过理论讲解和案例分析，帮助学生理解这些心理动因是如何影响他们的行为选择的。

为了让学生更加深入地理解拖延行为背后的心理需求，教师布置了小组探究任务。每位学生列举三个自身的拖延案例，并在小组内分析这些案例背后的心理需求。同时，引导学生将案例归类至时间管理四象限法则中，以此帮助他们更好地理解拖延与时间管理之间的关系。

在小组探究过程中，学生们积极参与讨论，踊跃发言。他们不仅分析了自己的拖延行为，还相互交流、借鉴应对策略。例如，有的学生发现自己在面对"紧急不重要"象限的任务时容易拖延，这反映了他们对高压环境的即时应对需求。于是，他们决定采用"微目标分解"策略，将大任务分解成小目标，逐步完成。

（四）总结提升：续写与拖延君的后续故事

为了让学生更加坚定地面对拖延行为并制定相应的应对策略，领导者布置了一项书信疗愈任务——以《致拖延君的一封信》为题撰写应对宣言。在信中，学生们需要表达对拖延行为的重新认知以及具体的行动策略。在这一环节，学生们深刻反思了拖延行为，纷纷表达了改变的决心。

书信疗愈任务完成后，领导者鼓励学生分享当下的感受。学生们自愿朗读自己的信件，并分享自己的改变计划和决心。教师提炼出共性策略（如"微目标分解""5分钟启动法"）并布置了实践任务——完成周行动日志。要求学生记录一周内的拖延行为及应对效果，并在下次课程中进行反馈。

三、活动成果与反思

本次课程以"我与拖延君的故事"为主题，通过"行不由衷"游戏切入主题，结合《开学前夜》的短片分析、拖延心理的具象化表达及小组探究任务，层层递进地剖析了拖延行为的表现形式与内在动因。学生们通过实践时间管理四象限法则、撰写《致拖延君的一封信》等环节，明确了拖延行为与心理需求的关联性，并初步掌握了"微目标分解""5分钟启动法"等科学应对策略。活动以"周行动日志"的实践任务作为延伸，将课堂所学转化为持续行动，帮助学生逐步构建高效的学习模式，增强对学业与生活的自我掌控能力。

通过本次课程实践活动，学生们对拖延行为有了更加全面和深入的理解。他们不仅认识到了拖延的负面影响，还学会了从心理动因的角度分析拖延行为背后的原因。在参与活动的过程中，学生们逐渐体会到拖延带来的短期快感与长期负面情绪之间的巨大反差，开始反思自身的行为模式，并产生了强烈的改变动机。

本次课程实践活动采用了多种互动形式，如短片分析、小组讨论、分享会等。这些活动不仅增强了学生之间的互动和交流，还促进了师生之间的了解和信任。教师通过倾听学生的心声和理解他们的需求，为他们提供了更加有针对性的指导和帮助。

第三章 人际沟通

　　人际关系既是情感的纽带，也是成长的阶梯。从家庭中的亲子互动、校园里的同伴交往，到青春萌动中对亲密关系的探索，如何建立健康、温暖的人际关系，是每个青少年必经的课题。本章以"人际关系"为核心主题，通过"亲子关系英语短剧""非暴力沟通艺术""理性认知青春期情感"三大课程，从理论知识的讲解逐步深入到实践应用。学生将在剧本创作中体验换位思考，在沟通训练中理解情感需求，在科学模型中厘清友情与爱情的边界。这些活动针对青春期常见的代际冲突、情绪化表达以及情感困惑等问题，提供了切实可行的解决方案，也为青少年提供了从"理解"到"行动"的成长工具。

亲子关系英语短剧的创作与表演

泸溪县第一高级中学　周小和

　　如何通过创新的教育方式，既提升学生的语言能力，又促进家庭情感的深度沟通？"亲子关系英语短剧的创作与表演"以"换位思考""非暴力沟通"为理论基础，将英语戏剧创作与亲子关系探索有机融合，引导学生在剧本构思、角色扮演与舞台实践的过程中，重新审视与父母的互动模式。此次活动不仅是英语学习的创新之举，更是对亲子关系的一次深度探索。

一、活动背景与目标

　　活动背景：亲子关系（parent–child relationship）是

高中生心理健康教育的重要内容。然而，在现实生活中，许多学生与父母之间存在着代沟（generation gap）与沟通障碍（communication barriers）。此课程将英语学习与亲子关系教育相结合，运用换位思考（perspective taking）、非暴力沟通（nonviolent communication，NVC）、情感表达理论（affective expression theory）等理念进行课程设计。通过戏剧创作与表演，学生们不仅能够锻炼英语口语和写作能力，还能够在实践中体验亲子关系的复杂性，学会如何与父母进行有效沟通。

活动目标：

1.学生需了解戏剧的基本构成要素（basic elements of a play），包括场景（setting）、人物（characters）、情节（plot）和主题（theme）等。

2.通过小组合作（group collaboration）确定短剧主题，明确个人任务并完成剧本创作（script writing）。

3.通过活动过程，增进对父母与自身的理解，促进亲子关系的改善（improvement of parent-child relationship）。

二、活动实施步骤

（一）热身活动：故事接龙（story relay）

活动伊始，老师以"爸爸、妈妈"（father or mother）为关键词，引导学生用英语进行故事接龙。这一环节不仅锻炼了学生的英语口语能力（oral English skills），还巧妙地将课堂氛围引入亲子活动的主题，为接下来的亲子关系剧本撰写做了铺垫。

学生们积极参与，创作出许多生动有趣的故事。有的讲述了自己和父母一起度过的快乐时光（happy moments），有的则描述了与父母之间的小摩擦（minor conflicts）与和解过程（reconciliation）。这些故事不仅让同学们回忆起了与父母的点点滴滴，也激发了他们对亲子关系的深入思考（deep reflection）。

（二）分组讨论：分享冲突经历（sharing conflict experiences）

随后，老师提出问题："你们是否经常和父母吵架？为什么吵架？"这一问题引发了学生的共鸣。在家庭生活中，冲突与矛盾在所难免。老师组织学生分组讨论，分享自己与父母之间最激烈的一次冲突经历。

学生们敞开心扉，纷纷讲述了自己的故事。有的因学业压力（academic pressure）与父母产生矛盾，有的因家务分工不均（uneven distribution of housework）引发争执，还有的因个人兴趣爱好（personal hobbies）与父母期望不符而发生冲突。通过分享和交流，同学们意识到，很多争吵并不是因为不爱对方，而是因为代沟和沟通不畅（poor communication）。

（三）主题讨论：确定剧本主题（discussing the topics）

在了解亲子关系中的常见冲突后，老师引导学生讨论剧本主题。老师提供了多个建议主题，如学业压力（academic pressure）、兴趣爱好（hobbies）、家务分工（housework distribution）、零花钱管理（pocket money management）等，并鼓励学生提出更多创意。

学生们热情高涨，提出了许多新颖的想法。有的小组选择以"家务劳动"作为主题，希望通过短剧展现家务分工不均带来的矛盾和解决过程；有的小组选择以"学业"作为主题，想要探讨父母对子女学业的期望（parental expectations）和压力如何影响亲子关系。最终，每个小组都确定了自己的主题，并开始讨论如何编写剧本。

（四）剧本创作：分工与合作（writing a play）

剧本创作是本次活动的核心环节。老师首先向学生讲解剧本的基本要素，包括场景（setting）、人物（characters）、情节（plot）和主题（theme）等，并特别强调了舞台指导语（stage directions）和对话（dialogue）的重要性。

学生们分组合作，根据选定的主题构思剧情，设计人物性格与台词。在创作过程中，学生们不断讨论与修改，力求使剧本更加贴近生活（close to life）、生动有趣（vivid and interesting）。老师提醒学生注意语言的口语化（colloquial language）与自然性（naturalness），并通过台词与动作展现人物的情感变化（emotional changes），推动剧情发展（drive the plot forward）。

（五）舞台表演：展示成果（showcasing the results）

经过充分的准备与排练，学生们迎来了舞台表演（stage performance）环节。每个小组根据剧本内容分配角色（role assignment），明确台词、动作与情感表达的要求。学生们互相纠正英语发音（pronunciation）与语调（intonation），设计肢体语言（body language）与走位

（blocking），力求表演自然流畅（natural and smooth）。学生们利用课桌椅、纸板等材料搭建场景，如家庭客厅（living room）、学校走廊（school hallway）等，并在黑板上绘制背景提示（background cues）。他们还为表演配上了与剧情相关的背景音乐（background music），增强了舞台效果（stage effect）。

正式表演时，每个小组依次登台展示。他们的表演生动有趣，剧情紧凑。表演结束后，其他小组从"观赏性"（plot）、"语言表达"（language）、"情感表现"（emotion）三个维度对表演进行了评价，并提出了改进建议（suggestions for improvement）。

（六）家庭作业：实践与反思（practice and reflection）

为了将课堂所学应用于实际生活，老师布置了家庭作业：

其一，学生需撰写一段亲子对话脚本（parent-child dialogue script），参考课堂讨论的冲突案例，选择近期与父母存在的一个矛盾点，结合非暴力沟通四要素（观察、感受、需要、请求），用英语或中文模拟与父母的理性沟通（rational communication）。

示例：

观察（observation）："Mom, I noticed you often remind me to study when I'm playing games."

感受（feeling）："I feel stressed because I need some time to relax."

需要（need）："I hope we can agree on a daily schedule for study and leisure."

请求（request）："Could we discuss this together this weekend?"

其二，学生需在家中尝试执行沟通计划（communication plan），记录父母的反应及对话结果，并用英语撰写一篇100词左右的反思日记（reflection journal），回答以下问题：你从这次对话中学到了什么？下次如何更好地理解父母的观点？

在后续课程中，每组推荐一名代表分享家庭作业成果。学生们重点讨论了有效沟通策略（effective communication strategies）与遇到的挑战（challenges encountered），老师汇总典型案例，提炼出可迁移的沟通技巧（transferable communication skills），如使用"I statement"避免指责等。

三、活动成果与反思

通过本次项目式学习活动，学生们不仅掌握了戏剧创作与表演的基本技能，还加深了对亲子关系的理解。他们在实践中提升了英语表达能力，在分享中增进了对父母与自身的认识，并通过家庭作业将所学知识应用于实际生活，学会了如何与父母进行有效沟通。此次活动为学生营造了轻松愉快的学习环境，让他们在实践中收获成长与进步。许多学生表示，通过这次活动，他们更加理解父母的良苦用心，也学会了用更理性的方式表达自己的需求与感受。

"亲子关系英语短剧的创作与表演"活动，不仅是英语教学的创新尝试，更是对家庭关系的深刻探索。通过戏剧的形式，学生们提升了语言能力，学会了有效沟通，增进了对家庭关系的理解。这种将学科知识与生活实践相结合的教学方式，既能激发学生的学习兴趣，又能够助力他们在实践中成长。相信这些经验将帮助他们在未来的生活中更好地应对亲子关系中的挑战，成为更加成熟自信的人。教育的意义不仅在于传授知识，更在于培养学生的综合素质与生活能力。

人际交往艺术——非暴力沟通

湘西自治州溶江中学　周立林

　　青春期的学生正处于身心快速发展的阶段，这一时期他们的自我意识迅速高涨。在人际交往中，部分学生容易陷入"以自我为中心"的认知偏差，进而引发频繁的沟通冲突，甚至可能诱发人际焦虑、人际疏离等心理问题。"人际交往艺术——非暴力沟通"课程以非暴力沟通理论为核心，通过情境模拟、互动游戏与案例剖所等多种方式，助力学生认知沟通误区，掌握科学沟通策略，构建健康和谐的人际关系。

一、活动背景与目标

活动背景：青春期的学生不仅要应对生理上的显著变化，还要面对心理层面的巨大波动。随着自我意识的不断增强，他们越发关注自己的内心世界，同时也极度渴望得到他人的理解与认同。然而，由于缺乏有效的沟通技巧，学生们往往难以精准地表达自己的感受和需求，致使沟通冲突不断升级。在家庭环境中，父母与子女之间的沟通问题尤为突出。由于代沟、价值观差异以及沟通方式不当等因素，许多学生常常感觉自己被误解或忽视，进而产生逆反心理或情绪化反应。在学校里，同学之间的摩擦和争执也时有发生，这些冲突不仅影响学生的学业成绩，还对他们的心理健康造成负面影响。"人际交往艺术——非暴力沟通"心理辅导课程旨在借助情境模拟、互动游戏和案例剖析，引导学生认识沟通误区，掌握科学的沟通策略，构建健康和谐的人际关系。

活动目标：

（1）认知目标：帮助学生理解沟通冲突的心理动因，识别暴力沟通的典型特征。通过理论学习与案例分析，使学生认识到暴力沟通的危害性，并学会如何避免陷入暴力沟通的陷阱。

（2）技能目标：教授学生运用非暴力沟通的四要素，即观察、感受、需求、请求，进行理性表达。通过情境模拟与角色扮演等活动，使学生能够在实际沟通中灵活运用这些技巧，有效化解冲突。

（3）情感目标：培养学生的共情能力与自我觉察意识。通过互动游戏与小组讨论等活动，引导学生更加关注他人的感受和需求，减少人际交往中的情绪化反应，建立更加和谐的人际关系。

二、活动实施步骤

（一）课堂导入：互动自测（2分钟）

课程开始时，教师采用快问快答的互动自测方式，旨在激活学生的情绪记忆，引导他们正视沟通问题。教师通过简单的身体语言指令，如双手做屋顶状表示"是"，胸前交叉双臂表示"否"，向学生提出一系列与沟通相关的问题，如"是否曾因口是心非引发朋友矛盾？""是否对父母说过情绪化的气话？""是否因他人无心之言而感到受伤？"等。这些问题触及了学生的日常生活经验，有效激发了他们的参与热情。

（二）情境再现：沟通创伤案例分析（10分钟）

接下来，进行"语言之钉"定格画活动。学生们需回忆因"不良沟通"导致自己受伤或伤害他人的事件，并用简笔画描绘出关键场景。在组内分享环节，学生们积极讲述自己的经历、当时的感受以及反思感悟。

教师适时引导学生思考，指出亲近关系中的语言暴力破坏性更大，就像嵌入木板中的钉子，即使拔除，木板上的裂痕依然存在。教师鼓励学生思考如何用"非暴力"的方法修复关系。这一环节不仅帮助学生正视了自己的沟通问题，还激发了他们寻求改变的动力。

（三）理论建构：沟通原理可视化（10分钟）

为了让学生更加深入地理解非暴力沟通的原理，教师播放了《非暴力沟通模型》动画短片并辅助教学。短片以生动的画面和简洁的语言阐述了沟通冲突的三大根源，即主观臆断、情绪主导、需求模糊，同时对比了暴力沟通与非暴力沟通的差异。通过观看短片，学生们对非暴力沟通有了更加直观和深刻的认识。

（四）技能训练：沟通实验室（10分钟）

在技能训练环节，教师设计了两部分的内容：传声筒游戏和非暴力沟通四步法的教学。

在传声筒游戏中，学生们被分成6—8人一组，每组首位学生抽取包含复杂情境的纸条，然后逐人传递信息。每组末位学生需要还原事件并提出解决方案。这一活动不仅考验了学生的信息传递能力，还让他们认识到沟通中信息失真可能带来的不良后果。

在非暴力沟通四步法教学中，教师通过具体的案例分析，引导学生学会客观描述事实、表达情绪体验、阐明深层诉求以及提出具体方案。这为学生后续的情景演练奠定了坚实基础。

（五）迁移应用：真实场景突围（8分钟）

最后，师生共同进行真实场景下的案例分析。以初二学生小澄与母亲在手机使用上的冲突为例，学生们先分析案例中暴力沟通的表现，如命令式指责、情绪化对抗等，然后运用非暴力沟通四步法设计替代性对话脚本，并进行分角色演绎。这一环节帮助学生将所学知识应用到实际生活中，激发了他们解决问题的创造力和想象力。

三、活动成果与反思

通过本次课程实践活动，学生们对沟通冲突的心理动因和非暴力沟通的原理有了更加深入的理解。他们开始能够识别暴力沟通的典型特征，并学会避免陷入暴力沟通的陷阱。学生们掌握了非暴力沟通的四要素，并能够在实际沟通中灵活运用这些技巧，学会客观描述事实、表达情绪体验、阐明深层诉求以及提出具体方案，有效化解冲突。

在本次课程的实施过程中，我们也遇到了一些挑战和不足。由于课程内容丰富多样，导致部分环节的时间分配不够合理。虽然大部分学生积极参与了课程活动，但仍有个别学生表现出沉默或抵触情绪。针对这些学生，后续将采取更加个性化的辅导策略，激发他们的学习兴趣和参与热情。

让我们"谈谈"恋爱吧

凤凰县高级中学　张　波

　　青春期，性意识逐渐觉醒，高中生在面对异性情感时，认知往往徘徊在朦胧的好感与成熟的爱情之间。部分青少年容易将"心跳加速""渴望被关注"等友情中常见的特质，错误地当作爱情的信号。这种认知偏差，极有可能引发情感上的困扰，甚至导致学业受到影响。凤凰县高级中学依据赫洛克性心理发展四阶段理论，精心开发了"让我们'谈谈'恋爱吧"情感教育课程。该课程借助具身认知实验和经典心理学模型解析，引导学生准确区分友情与爱情的界限，构建理性的情感认知体系，为他们未来建立健康的亲密关系储备关键能力。

一、活动目标

1.认知目标：通过课程教学，帮助学生从心理接近与亲密、激情、承诺这三个维度，清晰区分友情与爱情的差异，助力学生构建起理性的情感认知体系。

2.技能目标：向学生传授"情感信号解码""边界设定"等关系管理技巧，切实提升他们处理人际关系的能力。

3.情感目标：着重培养学生的延迟满足能力，让他们明白"等待是成熟之爱的前奏"，学会在恰当的时机做出正确的情感抉择。

二、活动实施步骤

（一）课前准备与约定

课程开始前，教师向学生详细阐释课程的目的和意义，并与学生共同制定课程参与规则：积极参与，用心体验；真诚分享，尊重差异。这一环节的目的在于营造开放、包容的学习氛围，确保每位学生都能在课程中有所收获。

（二）热身活动——体会心动的感觉

热身活动通过一系列简单的肢体接触和言语交流，引导学生体验与异性相处时的心理反应。活动分为两部分：

1.同桌与前后桌互动

学生分别与同桌和前后桌进行面对面交流。在教师的引导下，学生们按照指令行动：请跟同桌/前后桌面对面，凝视对方的眼睛，微笑着握手，并相互说"某某，你好，很高兴今天和你一起探讨爱情"。互动结束后，学生观察并记录自己在与同性、异性接触时的不同感受。

2.分享与讨论

学生分享自己的感受，教师引导学生讨论这种心跳加速、紧张等生理反应是否等同于爱情。通过讨论，学生逐渐认识到，这些反应是青春期性意识觉醒的正常现象，并不等同于爱情。

为了进一步深化学生对异性吸引的理解，教师引入"吊桥效应"这一概念，向学生解释心跳加速可能源于特定情境的唤醒，并非由某种特定情感引发。随后，教师引导学生探讨这一效应对于理解异性间吸引的启示，帮助学生认识到，异性间的吸引和好感并不直接等同于爱情，需要理性看待。

（三）主题活动：爱的要素和能力

"爱的要素和能力"主题活动是课程的核心部分，分为爱的要素、爱的时间和爱的能力三项子活动。

1.活动一：爱的要素

教师展示漫画《小瓶子的爱情故事》，引导学生思考故事以悲剧结局的原因，并讨论他们心中爱情的要素是什么。

教师介绍斯滕伯格的爱情三元素（激情、亲密、承诺）和爱情三角理论，帮助学生理解爱情的构成以及不同类型爱情的特点。

学生分组讨论青春期的爱情属于哪种类型，每组派代表发言。通过讨论，学生们认识到，没有承诺的爱情并不是真正的爱情。

2.活动二：爱的时间

教师继续展示漫画《小瓶子的爱情故事》的后续部分，引导学生思考爱情发生的最佳时间。

教师介绍埃里克森心理发展阶段理论，对比青春期和成年早期的心理冲突和主要任务，帮助学生认识到青春期并非建立承诺性关系的最佳时期。

3.活动三：爱的能力

教师展示四个简单案例，分别是情绪波动大的悲伤小林、不顾他人感受的"直男"阿克、渴望被照顾的丽丽以及正面案例——热心的米米。学生自主分析这四人是否具备爱的能力。

教师总结爱的四种能力：相对稳定的人格、体察他人感受的能力、心理上的独立性、关怀与尊重他人的能力。通过案例分析，学生认识到爱的能力在建立健康亲密关系中的重要性。

（四）总结与升华

课程接近尾声时，教师进行总结，着重强调高中阶段恋爱对于个人情感成长和未来家庭组建的重要性。随后，教师引导学生站在未来的角度，给现在的自己写一份寄语。这一环节有助于学生梳理自己的情感认知，明确未来的方向。

三、活动成果与反思

"让我们'谈谈'恋爱吧"情感教育课程实施成效显著。学生们不仅厘清了友情与爱情的界限，还在情感上更加成熟，增强了自我反思意识。通过课程学习，学生对友情与爱情的区别有了更清晰的认知，面对异性间的吸引和好感时能够保持理性。同时，学生掌握了"情感信号解码""边界设定"等关系管理技巧，处理人际关系的能力得到切实提升。此外，学生的延迟满足能力得到培养，他们深刻理解了"等待是成熟之爱的前奏"，学会在合适的时机做出正确的情感选择。在给未来的自己写寄语的过程中，学生进行了深入的自我反思，进一步明确了自己的情感认知和未来方向。

在青少年的成长历程中，如何敏锐地察觉情绪的细微变化、巧妙地驾驭情感的起伏波动，这对他们心理韧性的培养和生命质量的提升至关重要。本章以"情绪管理"为主线，从"考前焦虑调适""生气应对策略"到"压力科学认知"，层层递进揭示情绪管理的智慧。通过"艺术表达""认知重构""行为训练"等多元路径，融合耶克斯－多德森定律、ABC情绪理论、认知行为理论及艺术疗愈理念等科学依据，不仅回应了青少年在学习和生活中面临的焦虑、愤怒、压力等现实挑战，还将抽象情绪转化为可感知、可操作的成长工具，助力青少年在情绪管理的道路上稳步前行。

以文舒心

湘西自治州民族中学　刘雪梅

　　在小学与初中阶段，学生已初步了解情绪的基本类型及其对身心健康的影响。进入高中后，学生的情绪体验趋于复杂化，需进一步探索情绪调适的方法及其在生活中的实际应用。"以文舒心——做情绪的主人"课程以"五育融合"理念为框架，巧妙融合心理健康教育与语文学科教学，通过文学创作、诵读表达等多元形式，开展班级团体心理辅导活动，旨在提升高中生的情绪管理能力与人文素养。以下是具体方案设计。

一、活动目标

1.引导学生学会合理宣泄情绪，保持积极、乐观、向上的情绪。

2.培养学生尊重他人、关注他人的意识，让学生在团队互动中感受集体的支持力量，增强共情能力。

3.助力学生探索有效的情绪调节方法，使其能够更加理智地调控自身情绪。

二、活动准备

教学课件、情绪卡片（喜、怒、哀、惧）、水笔、A3纸、彩笔、便利贴等。

三、活动内容与流程设计

（一）建立团体活动契约（1分钟）

全体成员就座后，活动领导者向大家阐明成员需遵守的规则，包括守时、保密、专注、坦诚，以及不指责、不批评他人等。

（二）成语接龙（6分钟）

将学生分成6组，每组8人。首先，围绕"喜、怒、哀、惧"四类情绪，各小组分享相关诗句，例如《闻官军收河南河北》体现喜悦之情，《满江红》饱含愤怒之感等。接着，分别以"喜、怒、哀、惧"为首字进行成语接龙，在规定时间内接龙最多的小组获胜。

（三）故事分析：我与地坛（6分钟）

教师展示作家史铁生《我与地坛》中的片段，向学生提问："这段故事中体现了哪些基本情绪？这些情绪是如何相互交织，形成复杂的情绪体验的？"

之后，教师进行小结，指出情绪具有动态变化和复合交织的特点，像"喜忧参半""悲愤交加"等都是常见的情绪状态，面对这些复杂情绪，需要借助理性认知来进行调适。

（四）情绪画笔绘人生（15分钟）

自我袒露：教师分享自己求学时期遇到的情绪困扰案例，以此引发学生的共鸣，拉近与学生的距离。

小组讨论：小组成员依次倾诉近期遇到的情绪困扰，其他组员认真倾听，并将大家提出的解决策略记录在便利贴上。

创意呈现：学生利用便利贴和彩笔，制作"情绪调适妙招"宣传画，完成后在全班进行展示。

最后总结得出，情绪调节的方法有运动、倾诉、写日记、朗诵等，其中运用文学手段，如诗歌创作，能够有效地疏导情感。

（五）心灵互动（12分钟）

活动一：针对"恐惧"情境，组织学生齐声朗读励志诗句，比如"勇字当头，何惧风霜"，通过这种方式进行积极的心理暗示。

活动二：安排学生进行绕口令练习，同时在心中默念"息怒"，以此来缓解学生愤怒的情绪。

活动三：以《三国演义》中周瑜妒忌诸葛亮的情节为蓝本，设计"五瓢水浇灭妒火"的角色扮演活动，在表演结束后，配乐朗诵《临江仙·滚滚长江东逝水》，引导学生从文学作品中汲取智慧，调适情绪。

四、活动总结

本次"以文舒心——做情绪的主人"班级团体心理辅导活动，通过多个精心设计的环节，成功引导学生深入探索了情绪的奥秘，掌握了有效的情绪调适方法。在活动过程中，从建立团体活动契约营造良好氛围，到成语接龙活跃气氛并引入情绪主题，再到故事共析让学生认识情绪的复杂性，以及情绪画笔绘人生引导学生挖掘情绪价值、探寻调适方法，最后在心灵互动中实践这些策略，各个环节层层递进、环环相扣。学生们不仅在活动中学会了合理宣泄情绪，还在团队互动中增强了共情能力，明白了尊重和关注他人的重要性。同时，通过探索多种情绪调节方法，学生们在面对复杂情绪时能够更加理智地进行调控。希望学生们能将在活动中所学到的知识和技巧运用到日常生活中，持续保持积极乐观的心态，做自己情绪的主人，在未来的学习和生活中更好地应对各种挑战，实现身心健康发展。

小学生情绪管理
——考前心理调适

龙山县第一小学　曾凡敏

在基础教育阶段，考试作为检验学生学习成果的重要手段，其重要性不言而喻。然而，随着学业竞争的加剧，小学生考前心理健康问题愈发突出。研究表明，适度的考试焦虑可以激发学生的学习动力，但过高的焦虑水平则会导致躯体化症状与认知功能抑制，严重影响学生的学业表现。近年来，龙山县第一小学高度重视学生的心理健康教育，特别是在考前心理调适方面，学校积极探索有效的干预措施。基于耶克斯–多德森定律与詹姆斯–兰格情绪理论的指导，学校系统开发了考前心理调适课程，旨在帮助学生识别并管理考前焦虑，提升应对考试的心理韧性。

一、活动背景与目标

活动背景：

在基础教育阶段，小学生的考前心理健康问题日益受到关注。研究表明，适度的考试焦虑可转化为学习动力，但过高的焦虑水平会引发躯体化症状与认知功能抑制，严重影响学业表现。具体症状包括失眠、食欲不振、注意力分散、记忆力减退等，这些症状不仅会影响学生的考试成绩，还可能对其身心健康造成长远的负面影响。针对这一现象，龙山县第一小学基于耶克斯–多德森定律与詹姆斯–兰格情绪理论，系统开发了考前心理调适课程。

活动目标：

（1）认知目标：引导学生识别焦虑在生理和心理层面发出的信号，深入理解焦虑的本质，以及焦虑对考试表现的影响机制。

（2）技能目标：帮助学生掌握深呼吸、认知重构等实用的心理调适技术。

（3）情感目标：协助学生建立"焦虑正常化"的心理接纳机制，以平和心态看待焦虑情绪。

二、活动实施步骤

（一）契约制定（1分钟）

活动开始前，全体成员坐下，由领导者曾老师说明成员需遵守的规则，包括守时、保密、专注、坦诚、不指责、不批评等。通过制定契约，确保活动能够有序、和谐地进行。

（二）分组与热身游戏（3分钟）

将学生随机分成8组，每组6人。分组完毕后，开展击鼓传花的热身游戏。游戏过程中，当花传到某位同学手中时，该同学需表演一个节目，并分享自己参与游戏的感受。通过这个游戏，营造出轻松愉悦的氛围，自然地引出本次活动的主题。

（三）考前心情涂鸦（5分钟）

科学原理：涂鸦艺术投射理论。通过视觉化表达，帮助学生外化情绪，释放内心的压力和不安。

实操设计：教师引导学生绘制与考前心情相关的意象画，可以描绘自己感到焦虑、紧张的场景，也可以展现对考试结果的期待画面。

（四）读懂耶克斯－多德森定律（10分钟）

科学原理：依据耶克斯－多德森定律（动机强度－任

务难度匹配模型），通过动画演示不同难度考试所对应的最佳焦虑区间，让学生直观理解焦虑与考试表现之间的关系。

实操设计：教师播放精心制作的动画视频，展示在不同难度任务下，动机强度对工作效率产生的影响。引导学生正确认识焦虑水平与考试表现的关联，通过讨论和分享，让学生明白适度的焦虑有助于提升考试成绩，而过高的焦虑则会起到抑制作用。同时，引导学生结合自身考试任务的难度，设定合理的心理预期，避免出现过高或过低的焦虑情绪。此外，鼓励学生接纳自己的情绪状态，认识到考前焦虑是一种正常的心理反应。

（五）身体反应实验（8分钟）

科学原理：依据詹姆斯—兰格情绪外周理论，通过亲身体验生理反馈对情绪的影响，帮助学生认识焦虑的生理信号，并学会通过调节生理反应来缓解情绪。

实操设计：进行"颤抖–恐惧"反向实验。让学生先快速抖动身体，随后静坐，仔细观察自己的感受。接着，教师引导学生体验深呼吸等调适方法，并组织学生讨论恐惧与身体反应之间的关系。通过这一实践体验，让学生切实认识到让身体平静下来是缓解焦虑、紧张和恐惧情绪的有效方式。同时，鼓励学生改变对考试的不合理认识，保持乐观心态，积极进行自我暗示。

（六）认知行为训练（8分钟）

科学原理：运用ABC情绪理论（事件－信念－结果），通过小组辩论，帮助学生矫正灾难化思维，建立积极的认知评价体系。

实操设计：组织学生进行小组辩论，辩题设定为"考试失败是否等于人生失败"。鼓励学生从不同角度阐述自己的观点，在辩论过程中，引导学生认识到考试失败只是人生中的一次经历，并非决定人生走向的关键因素。同时，向学生传授ABC情绪理论的应用方法，帮助他们识别并调整不合理的信念，进而建立积极的应对机制。

（七）我来支招（5分钟）

小组成员相互交换课程开始时创作的涂鸦作品，每位成员针对自己拿到的涂鸦画纸中所反映的问题，给出一个调适情绪的方法。既可以用涂鸦的形式呈现，也可以配上文字说明。小组讨论结束后，各小组选出最佳方法，并在全班进行分享。心理委员负责记录并归纳总结这些有效的调适方法。这一环节旨在汇聚集体的智慧，通过经验分享，为学生提供更多实用的心理调适策略。

三、活动成果与反思

通过本次活动，学生在应对考试焦虑方面取得了显著进步，学会了识别和管理自己的焦虑情绪。活动结束后，许多学生反馈能够更好地应对考试压力，焦虑情绪得到了有效缓解。在实践操作和分享讨论过程中，学生熟练掌握了深呼吸、认知重构等有效的心理调适技术。这些技术不仅在考试场景中有助于学生保持冷静、专注，在日常生活中面对各种压力和挑战时，也能发挥积极作用。学生逐渐认识到焦虑情绪是正常的心理反应，学会了接纳和调节自己的情绪，心态变得更加自信、乐观。

本次"小学生情绪管理——考前心理调适"课程在龙山县第一小学取得了一定成效，不仅提升了学生的情绪管理能力，增强了心理韧性，还促进了学生之间的交流与合作，推动了教师专业素养的提升。然而，在活动实施过程中也暴露出一些问题，如活动设计在科学性方面还有提升空间，部分学生的参与度有待提高，后续的跟踪与辅导工作也需要进一步加强。未来，学校将持续深化心理健康教育实践，不断探索更加科学、有效且具有针对性的干预措施，为学生的健康成长提供坚实有力的支持。

小学生情绪管理——不生气

吉首市谷韵民族小学　戚　丹

　　小学3—4年级的学生开始有了更加丰富的情感体验，但往往缺乏有效的方式来处理这些情绪，尤其是生气这一较为强烈的情感。为了帮助他们更好地认识和管理自己的情绪，我们精心设计了一堂以"小学生情绪管理——不生气"为主题的情绪管理课程。以下是具体活动设计与实施流程。

一、活动背景与目标

　　活动背景：在小学中年级阶段，学生的情绪发展正经历从外在冲动向内在调控的关键转型。研究表明，9—

11岁儿童的情绪调节能力直接影响其社会适应性与学业表现，而生气作为最常见的负性情绪之一，如果缺乏科学引导，则易引发攻击行为或退缩反应。基于《中小学心理健康教育指导纲要》的要求，本课程通过情景模拟、艺术表达与策略生成，帮助学生理解生气的正常性，掌握建设性情绪管理方法，为学生终身的情绪素养奠定基础。

活动目标：

认知目标：引导学生理解生气是正常的生理和心理反应，区分"表达情绪"与"情绪化表达"的本质区别。

技能目标：教授学生掌握3—5种科学情绪调节策略，如认知重评、注意力转移等，并让学生能够在冲突场景中应用"我讯息"表达法。

情感目标：培养学生对自身情绪的接纳意识，树立"求助即力量"的积极信念，增强自我控制能力。

二、活动实施步骤

（一）课堂契约建立（5分钟）

课程一开始，师生通过共创手势暗号的方式建立课堂契约。学生们积极踊跃参与，共同创造出如双手合十代表"暂停"等有趣的手势暗号。这一环节不仅增添了课堂的趣味性，还使学生在无形中强化了对规则的理解与内化。随着，通过"拍手—静默"连锁反应训练，有效提升了学生的课堂专注力，为后续课程的顺利开展奠定了良好基础。

（二）热身活动：情绪能量释放（8分钟）

为了让学生们更好地进入课程状态，教师设计了"情绪障碍赛"这一热身活动。学生们需要穿越设置好的软垫、呼啦圈等物理障碍，同时喊出"生气""烦恼"等词汇。通过这一活动，学生们能够释放积压的情绪能量，借助躯体运动降低杏仁核的过度激活，为后续的情绪管理学习做好充分准备。

（三）主题活动：认知—行为双轨训练（25分钟）

主题活动是本次课程的核心部分，教师将其分为三个模块进行。

1.模块1：情绪可视化——看见生气的模样

播放短片《体育课的冲突》，引导学生识别剧中角色的面部表情（如握拳、皱眉）、肢体语言（如跺脚）及不当应对方式（如推搡）。

教师进行冥想引导，让学生们闭上眼睛，回忆自己最近一次生气的场景，并尝试用颜色和形状来描述这种情绪。

冥想结束后，学生们用彩笔在A4纸上画出"生气的自己"，并标注引发情绪的事件。这一系列活动让学生们更直观地感受生气的状态，帮助他们认识到生气情绪的正常性。

2.模块2：从宣泄到表达——构建沟通范式

教师展示两组图片，一组是摔打物品的儿童，另一组是举手发言的儿童，引导学生讨论哪种方式更能让他人理解自己的感受。

布置小组任务，让学生通过角色扮演展示"生气地表达"与"表达生气"的差异。通过这一活动，学生深刻理解了情绪化表达与有效沟通之间的区别，并学会运用"我讯息"三步法表达自己的情绪。

3.模块3：调节工具箱——多元策略体验

教师向学生们介绍了多种情绪调节策略。

首先，进行认知重评训练，教师通过展示"老妇人—少女"双歧图引导学生们理解"视角决定认知"的道理，并让他们用"也许他是不小心""我可以先问问原因"等句式重新解读冲突事件。

接着，进行行为调节实践，教师带领学生进行腹式呼吸练习和注意力转移训练。

学生们现场制作个性化的"情绪急救包"，以便在生气时能够迅速找到适合自己的调节策略。

（四）总结迁移（7分钟）

课程接近尾声时，师生进行总结迁移，加深学生对所学内容的印象。

全体师生围绕成一个圈，逐个传递毛绒玩具，玩具的持有者需完成句子"当我生气时，我会尝试……"。通过这一活动，学生们回顾了本节课所学的情绪调节策略，并表达了自己在实际生活中应用这些策略的意愿。

最后，师生共同进行承诺仪式，学生们集体朗读《不生气宣言》，并在承诺树上贴纸签名，以此强化行为意向。

三、活动成果与反思

本次课程通过一系列科学、实用的教学方法，成功帮助学生认识了生气的本质，让学生掌握了多种情绪调节策略，并在实际生活中初步尝试了这些策略的应用。在教学过程中，教师注重培养学生的认知能力和情感意识，通过剧情分析、冥想引导、视角转换等活动，让学生们在轻松愉快的氛围中完成了学习任务。

然而，在教学过程中也存在一些不足之处。例如，在热身活动中，部分学生的参与度不够高，可能是因为活动设计不够新颖或有趣；在主题活动中，部分学生在角色扮演时表现得不够自然，可能是因为缺乏足够的练习和指导。针对这些问题，我们将在今后的教学中进行改进和优化，以进一步提升教学效果和学生的情绪管理能力。

总体而言，本次"小学生情绪管理——不生气"课程是一次成功的教学实践。通过这堂课的学习，学生们不仅认识到生气情绪的正常性，还掌握了多种有效的情绪调节策略，并在实际生活中初步尝试了这些策略的应用。

当情绪来敲门

花垣县边城高级中学　　阳　群

　　情绪管理是青少年心理健康教育的重要课题。高中阶段的学生正处于身心发展的关键期，面对学业压力、人际交往等多重挑战，学会识别、接纳与调节情绪尤为重要。"当情绪来敲门"团体辅导活动，将认知行为理论（ABC理论）与艺术表达有机结合，引导学生理解情绪的多样性，挑战非理性信念，掌握科学的管理情绪的方法。活动以趣味互动、案例分析和实践操作为主要形式，旨在帮助学生建立积极的认知模式，提升情绪应对能力，促进学生的心理健康成长。以下是具体方案设计。

方案一　感知我的情绪

活动目标

1.帮助学生增强对自身情绪的感知能力，能够准确识别不同类型的情绪。

2.引导学生理解情绪的本质，认识到情绪并无绝对的好坏之分，培养接纳情绪的意识。

3.通过绘画等艺术表达形式，让学生学会将情绪与自我分离，客观看待自身情绪变化。

活动准备

教学课件、情绪卡片、表情图、空白本子。

活动内容与流程设计

1.建立团体活动契约（2分钟）

全体成员就座后，活动领导者向大家说明成员需遵守的规则，包括守时、保密、专注、坦诚，以及不指责、不批评他人等，为活动营造良好氛围。

2.随机分组（3分钟）

所有同学围成一个圈，从1到6循环报数，报数相同的同学自动形成同一小组。本次活动共分为8组，每组6个人，每组推选一位组长负责组织协调小组活动。

3."我演你猜"（15分钟）

（1）每组抽取一张"情绪卡片"，卡片上分别写有四种不同类型的情绪词。组内成员随机抽取卡片，然后通过表情、动作等非语言信息来表达卡片上的情绪，让小组其他成员猜测。

（2）猜测结束后，领导者组织全班讨论"情绪有好坏之分吗？为什么？"，请每组派代表分享看法。最后，教师进行总结，强调情绪没有好坏之分，消极情绪也具有积极意义。

4.情绪判定（10分钟）

（1）学生两人结成一对，抽取表情图，分析图片所对应的情绪并阐述理由。

（2）领导者组织分享讨论，引导成员分析情绪与表情之间的联系，让学生理解情绪表达具有多样化的特点。

5.绘制情绪手册（10分钟）

（1）请学生写出本周内曾出现过的消极情绪和积极

情绪，并为这些情绪命名，并进行量化打分。

（2）鼓励学生用绘画的形式呈现相应的情绪以及当时采取的应对方式，在绘画过程中，向学生强调"情绪与自我分离"的理念。

方案二　挑战非理性信念

活动目标

1.引导学生发现并挑战自身存在的非理性信念，学会从积极视角重新看待问题。

2.通过辩论等方式，让学生认识到极端化、灾难化思维对情绪的负面影响，培养学生的理性思维能力。

3.帮助学生学会针对常见消极情境设计有效的应对策略，提升情绪应对能力。

活动准备

教学课件、学生在方案一中绘制的情绪手册、艾利斯"十一条非理性信念"卡片。

活动内容与流程设计

1.我的消极逆袭（15分钟）

（1）小组成员分享情绪手册中记录的消极事件以及当时的想法。

（2）按顺时针顺序，下一位成员以积极视角重构该事件，依次轮换进行。

（3）分享结束后，领导者总结得出"事件本身无好坏，信念决定情绪"的结论。

2.非理性信念辩论（10分钟）

（1）引入艾利斯"十一条非理性信念"，例如"我必须被所有人喜欢"等。

（2）各小组抽取一条信念，结合生活案例对其合理性展开辩论。

（3）辩论结束后，全班进行分享，领导者总结指出极端化、灾难化思维容易引发焦虑情绪，需要用理性思维来替代。

3.情绪应对锦囊（10分钟）

（1）每位学生列出三种自己常遇到的消极情境。

（2）针对每种情境，设计两步应对法，比如"深呼

吸 + 自我对话"。

（3）组内成员互换锦囊，互相提出优化建议，之后在全班进行分享。

"当情绪来敲门"团体辅导活动通过两个方案的实施，为学生提供了全面认识情绪、管理情绪的机会。通过这一系列活动，学生在认知、思维和行动上都得到了锻炼和提升，逐步建立起积极的认知模式，学会以更加理性、乐观的态度面对情绪。然而，情绪管理是一个长期的过程，学生在后续生活中可能还会遇到各种情绪问题。学校和教师应持续关注学生的情绪状态，为学生提供更多相关的辅导和支持，帮助他们在成长过程中更好地应对情绪挑战，保持良好的心理状态，实现身心健康发展。

正视压力，学会减压

凤凰县箭道坪第三小学　　杨　艳

　　小升初阶段是学生身心发展的重要转折期，课业负担加重、升学压力骤增，易引发焦虑、自我怀疑等心理困扰。研究表明，六年级学生的压力感知水平显著高于其他年级，然而他们科学的压力认知与管理能力尚未形成。为帮助学生更好地应对压力，特设计"正视压力，学会减压"团体心理辅导活动。借助情境模拟、压力源分析以及策略共创等方式，帮助学生理解压力的双重特性，掌握科学的减压技巧，构建积极的压力应对模式。本方案充分考虑小学生的认知特点，将抽象的压力转化为具体可操作的行为，为校园心理健康教育提供了具有参考价值的实践范例。以下是详细的活动设计与实施流程。

一、活动目标

1.帮助学生理解压力存在的必要性及其产生的原因，能够准确识别自身面临的压力源。

2.引导学生认识压力与效率之间的倒U型关系，树立科学的压力观念。

3.鼓励学生探索有效的减压策略，提升自身的情绪调节能力。

二、活动准备

教学课件、A4纸、铅笔、彩笔、压力源表格。

三、活动内容与流程设计

1.团体契约（1分钟）

全体成员共同宣读团体契约，内容包括守时、积极参与、认真倾听、严格保密。通过宣读契约，建立活动规则，营造相互信任的活动氛围。

2.随机分组（2分钟）

按照6—8人一组的标准进行分组，共分为8组。分组完成后，每组推选一名记录员，负责记录小组讨论的关键内容，以促进团队成员之间的互动与协作。

3.捉乌龟游戏（3分钟）

（1）两人一组，面对面站立，左手掌心向下，右手食指抵在对方的左手掌心。领导者开始讲故事，当故事中出现"乌龟"一词时，学生要迅速将右手食指抽回避免被抓住，同时用左手手掌去抓对方的手指。

（2）游戏结束后，组织学生讨论"游戏中为何感到紧张？"，通过讨论总结出压力在生活中的普遍性。

4.我说你画（6分钟）

（1）学生闭上眼睛，按照教师的指令作画，指令内容包括画大圆、直线、椭圆等简单图形。

（2）作画结束后，展示学生的画作，分析高压力状态下和低压力状态下学生在绘画过程中表现出的心理差异，进而总结出"自我施压"这一现象。

5.倒U曲线解析（6分钟）

（1）领导者通过教学课件展示压力与效率的关系图。

（2）组织学生讨论"中等压力为何最佳？"，教师在学生讨论后进行总结：适度的压力能够激发人的潜能，而过大的压力则会抑制个人的表现。

6.压力源清单（10分钟）

（1）学生填写压力源表格，表格涵盖学业、家庭、同伴关系等方面，引导学生梳理自身面临的压力源。

（2）学生在组内分享自己填写的压力源，每组推选一名代表进行总结。通过分享，学生能够发现群体共性，从而降低因压力而产生的孤独感。

7.减压策略共创（10分钟）

（1）各小组通过头脑风暴的方式，共同探讨减压方法，例如运动、绘画、倾诉等。

（2）全班共同评选出三个最佳减压策略，教师在此基础上补充了四种科学的减压方法：通过写日记进行情绪宣泄、选择短途旅行进行环境调节、练习腹式呼吸进行放松训练、运用自我鼓励进行积极暗示。

8.总结内化（2分钟）

学生分享参与活动的收获，教师进行总结，提出"直面问题，正视压力；积极应对，缓解压力"的16字原则，强化学生对活动内容的理解和记忆。

四、活动总结

本活动以"感知—认知—行动"为逻辑链，通过游戏让学生投射压力体验，运用图表解析压力对效率的影响，组织集体共创减压策略，将抽象的压力转化为切实可行的解决方案。整个方案设计紧密贴合六年级学生的认知水平，兼具趣味性与科学性，为小升初关键时期的学生提供了一套系统的压力管理干预路径，有助于学生在面对挑战时锻炼心理韧性，更好地应对学习和生活中的压力。

悦心之旅

湘西自治州溶江小学　朱志鹏

在当下的教育大环境中，小学生的心理健康问题愈发受到社会的广泛关注。在学业压力、成长挑战以及自我认知的多重因素交织影响下，如何助力学生在这一关键发展阶段构建健康的心理机制，已然成为教育工作者亟待解决的重要课题。湘西自治州溶江小学基于《小学生心理健康诊断测验量表》（MHT）的普测结果发现，学生普遍存在学习焦虑、身体症状等问题，这充分反映出他们在压力应对与自我认知能力方面急需提升。为此，学校创新设计"悦心之旅"团体心理辅导活动，通过互动体验等形式，引导学生掌握情绪管理策略，从而构建积极的心理韧性。以下为具体活动方案。

方案一　压力"变形记"

活动目标

1.帮助学生了解压力的概念和来源，使其认识到压力是生活中普遍存在的现象。

2.引导学生掌握有效的压力应对方法，培养他们以积极乐观的态度面对压力的意识。

3.通过丰富的活动体验，增强学生的自我认知，提升学生的自信心，全方位促进学生的心理健康发展。

活动准备

PPT课件、压力应对技巧卡片、小组讨论用的纸张和笔等。

活动内容与流程设计

1.游戏"抓与逃"（5分钟）

学生们右手食指向上伸直，左手手掌向下，每一横排的同学相互连接起来。当教师念到"压力"这个关键词时，学生们要迅速将右手食指缩回来躲避，同时用左手手掌去抓旁边同学的手指。通过这个有趣的游戏进行热身，活跃现场气氛。

2.认识压力（5分钟）

（1）教师播放视频，与学生共同观看，视频中展示了不同情境下人们面临压力的实例，让学生对压力有初步的直观感受。

（2）全体学生十指交叉双手对握，尝试将另一只手的大拇指放在最上面，之后请学生分享此时的感受，引导学生从自身感受出发思考压力相关问题。

（3）教师结合视频和学生的感受分享，详细讲解压力的定义和常见来源，帮助学生建立对压力的理性认知。

3.应对压力（5分钟）

（1）教师向学生提问："同学们在生活中都遇到过哪些压力呢？请大家说一说面临压力时的具体场景。"鼓励学生积极分享自己的经历。

（2）组织学生进行小组讨论，让他们共同探讨应对压力的方法，每组推选一名代表进行发言。

（3）教师对学生的发言进行总结，并补充常见且实用的压力应对方法，如积极应对、放松技巧、时间管理等，丰富学生应对压力的策略库。

4.压力活动体验（20分钟）

（1）教师准备从易到难的三个任务，例如：一分钟记住5个词语、一分钟记住10个词语、一分钟记住20个词语。（任务可根据学生实际情况灵活设计）

（2）通过抽签的方式，让学生抽选不同难度的任务。在学生了解了自己的任务后，引导他们分享此时的"压力等级"，学生可按照1—10级为自己感受的压力打分。

（3）教师提问："为什么不同的任务会让大家感受到不同程度的压力呢？"鼓励学生思考并回答。教师总结：个体对自己应对压力的能力有一定的认知和期望。当个体有充分的信心和期望时，往往能更有效地应对压力。

（4）学生根据各自的任务开始活动。活动结束后，邀请完成不同任务的学生分享活动感受。教师再次总结：适当的压力可以提高积极性，提高个体的表现（压力激励），但过度的压力则会对个体的幸福感产生负面影响。

5.活动总结及拓展（5分钟）

（1）教师向学生讲授：一个人对造成压力的事情了

解得越透彻，自身处理事情的能力越强，感受到的压力就越小。应对压力的最佳方式就是加深对造成压力事件的了解，提升自己解决问题的能力。适当的压力有助于完成任务，但过度压力会损害心理健康。当面临的压力远远大于自己的应对能力时，选择暂时退步反而能提升自己的幸福感。

（2）教师建议同学们回家后，与家长一起讨论家庭中存在的压力问题，并尝试运用所学的压力应对方法，去解决或缓解这些压力。

方案二　学习不焦虑

活动目标

1.帮助学生认识学习焦虑的表现和原因，理解学习焦虑对个人学习和发展的影响。

2.引导学生掌握有效的应对学习焦虑的策略，提高自我调节能力和情绪管理能力。

3.培养学生的积极学习态度和自信心，促进身心健康发展。

活动准备

PPT课件，包括学习焦虑的表现、原因、应对策略等。准备放松音乐、故事、案例分析等材料。

活动内容与流程设计

1.话题导入（5分钟）

教师提问："同学们有过学习焦虑的经历吗？当时是什么样的感受呢？"通过提问导入话题，激发学生兴趣。

2.认识学习焦虑（5分钟）

（1）组织学生分组讨论焦虑产生的原因和带来的影响。讨论结束后，请每个小组派代表分享讨论成果。

（2）教师对各小组的发言进行小结：①学习焦虑与个体对成功和失败的期望和回报密切相关。②焦虑实际上是个体面临挑战时的一种自我保护机制和本能反应。③学习焦虑是因为个体在学习过程中错误地评估了信息或情境，从而导致了负面情绪和行为。

3.应对焦虑（10分钟）

（1）案例分析：教师呈现一些具有代表性的学习焦

虑案例，组织学生进行小组讨论，让他们针对案例提出应对策略。讨论结束后，每组推选代表发言。

（2）教师总结并介绍应对学习焦虑的有效策略：①认知方面：改变对学习的认知、通过完成简单的学习任务提高自己的自信心、通过奖励的方式提高学习回报。②态度方面：对学习的挫折保持积极的态度，当学习出现失败时，及时调节自己的情绪。

（3）角色扮演：学生分组进行角色扮演活动，模拟面对学习焦虑时的真实情境，并尝试运用刚刚学到的应对策略进行处理。

4.焦虑活动体验（15分钟）

（1）"你问我答"小组活动：教师提前准备写有学习焦虑问题的卡片。活动时，学生A抽取卡片，向学生B提出卡片上的学习焦虑问题。学生B依据刚才所学内容，给出相应的建议。其他同学通过举手的方式，表达同学B给出的方法是否有帮助。

（2）分享交流：问答环节结束后，组织学生分享自己在活动中的体验和收获。教师针对学生的分享给予专业的点评和指导。

5.活动总结及拓展（5分钟）

（1）教师向学生强调学习焦虑是一种普遍存在的现象，同时也是可以有效应对的。引导学生反思自己的学习态度和焦虑状况，鼓励他们在日常生活中积极运用所学的应对策略。

（2）教师建议学生记录自己一周内遇到的学习焦虑情况，并尝试使用所学策略进行应对，最后写下自己的体验和感悟。

"悦心之旅"团体心理辅导活动通过"压力'变形记'"和"学习不焦虑"两个方案，从认识压力和学习焦虑、掌握应对策略、实际体验与应用等多个层面，为学生提供了全面且深入的心理健康教育。这不仅帮助学生更好地了解自己的情绪和心理状态，更重要的是赋予了他们应对压力和学习焦虑的能力。希望通过这样的活动，学生们能够在今后的学习和生活中，更加从容地面对各种挑战，保持积极健康的心理状态，实现身心的全面发展。同时，也期望这些活动能为小学心理健康教育提供有益的参考，推动更多学校关注学生心理健康，探索出更多适合学生的心理健康教育模式。

　　生命教育是直面生命和人的生死问题的教育，旨在通过教育手段，认识生命、珍惜生命、尊重生命、爱护生命、享受生命、超越生命，提升生命质量，实现自我生命的最大价值。本章以"生命教育"为核心，通过"迎风成长""性安全解码""生死抉择""五感唤醒"等多元实践，系统呈现从小学至高中的生命教育创新路径。课程设计融合人本主义理论、积极心理学与艺术疗愈理念，将抽象的生命议题转化为可体验的情景模拟、可探讨的绘画创作、可践行的目标管理，既回应了自伤低龄化、意义真空化等现实危机，也为学生提供了从"认知"到"行动"的成长阶梯。

小学生生命教育——迎风成长

保靖县岳阳小学　尚　云

　　生命教育是少年儿童成长过程中不可或缺的一环，尤其是在社会压力增大的背景下，培养小学生应对困境的能力与珍视生命的意识尤为重要。"小学生生命教育——迎风成长"团体辅导活动借助情景模拟、资源探索与情感唤醒等方式，引导学生勇敢直面成长过程中的种种困扰，构建起属于自己的社会支持网络，从而在面对困难时能够从中汲取勇气与力量。活动结合视频案例分析、互动游戏与艺术创作，以"在困扰中成长"为核心脉络，帮助学生在认知、情感与行动层面实现自我赋能，最终理解"生命因挑战而丰盈"的深刻意义。以下是具体方案设计与实施流程。

一、活动目标

1.助力学生认知成长过程中常见的困境，并掌握有效的应对策略。

2.引导学生探索身边的"重要他人"，梳理"美好清单"，构建起坚实的社会支持系统。

3.帮助学生树立积极向上的生命观，增强抗挫能力，同时强化他们的求助意识。

二、活动准备

视频教学课件、歌曲音频、"我的重要他人"清单、铅笔、彩笔、A4纸。

三、活动内容与流程设计

1.团体契约（1分钟）

全体成员共同宣读团体契约，内容包括守时、积极参与、认真倾听、严格保密。通过宣读契约，建立活动规则，营造相互信任的活动氛围。

2.责任担当游戏（2分钟）

（1）学生随机分组，小组成员轮流承担"责任者"。

（2）活动过程中，组员需听从教师的命令并做出相应动作。一旦有组员动作失误，"责任者"要完成5次下蹲，并大声宣言："我愿为团队负责！"

3.少年的烦恼（5分钟）

（1）学生聆听歌曲《小小少年》，并听写歌词，随后围绕"我的烦恼"展开讨论。

（2）各小组推选代表进行分享，分享内容包括学业压力、同伴关系、家庭矛盾等方面的烦恼。

4.困扰与成长（5分钟）

（1）播放视频片段1《成长有时被困扰》，组织学生分析视频中主人公所面临的困境。

（2）教师引用《中国儿童自杀报告》中的相关数据，向学生强调在遇到困难时及时求助的重要性。

5.预防自杀科普（5分钟）

（1）播放"世界预防自杀日"的科普视频。

（2）组织学生讨论"如何帮助自己与他人？"，最后教师总结得出：生命无比珍贵，懂得求助是一种勇气的体现。

6.应对策略探索（8分钟）

（1）播放视频片段2《总有办法走出困难》，引导学生学习主人公应对困难的求助方式，如倾诉、沟通、咨询等。

（2）学生填写"我的重要他人"清单，并在小组内分享。教师对学生分享的内容进行解析，介绍不同类型的支持，包括情感支持、信息支持、资源支持等。

7.美好清单创作（10分钟）

（1）学生用简笔画描绘"一周美好小事"，比如家人的陪伴、朋友的鼓励等令人感到美好的瞬间。

（2）完成绘画后，在小组内进行分享。教师总结指出，这些美好的体验是抵御困境的强大力量源泉。

8.生命成长启示（3分钟）

（1）播放视频片段3《战胜困扰的意义》，并朗诵里尔克的相关诗句。

（2）教师进行总结，提出成长的四个关键步骤：接纳成长中的困扰、学会与之共存、发现其中的意义、主动寻求破局之法。

9.总结与祝福（1分钟）

播放歌曲《阳光总在风雨后》，收集学生创作的画作。教师为学生送上寄语："愿你们披荆斩棘，活出写满答案的人生。"

四、活动总结

"迎风成长"活动以"认知困扰—探索支持—唤醒美好—践行勇气"为逻辑主线，通过沉浸式体验引导学生将抽象的生命教育转化为具象的行动策略。方案设计紧扣小学生心理特点，融合数据警示、艺术表达与哲学思辨，为乡村小学生命教育提供了可复制的实践模板，帮助学生在成长的风雨中，如同坚韧的幼苗般茁壮成长。

初中生性安全教育

舒　暖　周立林

　　青春期是个体性生理与性心理发展的关键阶段，也是开展性安全教育的黄金时期。相关数据显示，在我国未成年人性侵害案件中，14岁以下的受害者占比超过七成，且男童受害比例呈逐年上升趋势。在民族地区，由于文化禁忌以及性安全教育的缺失，青少年面临的性安全风险更为严峻。基于此，我们精心设计了"少男少女成长记"系列团体辅导活动。活动以绘画艺术为载体，融合归因理论、性别图式理论，通过情境模拟、认知重塑以及技能训练等方式，助力初中生树立科学的性价值观，掌握预防性侵害的技能，深刻理解生命的珍贵与所肩负的责任。本方案依据《中小学健康教育指导纲要》制定，致力于将性安全教育从以往"难以启齿"的话题，转变为可探讨、可操作的实践课程，为校园性安全教育提供系统、有效的解决方案。以下是具体的活动设计与实施路径。

方案一　绘制心理魔法壶

活动目标

借助绘画的方式投射出学生在性方面的困惑，分析其归因模式，进而提升学生的情绪调控能力。

活动准备

A4纸、彩笔、魔法壶绘画模板、三维度六因素归因表。

活动内容与流程设计

活动名称	目的	时间	流程
一、身体界限体验	帮助学生感知人际边界。	8分钟	男女学生两两结对，模拟握手、拍肩等动作。模拟结束后，组织学生讨论："哪些接触会让你感到不舒服？遇到这种情况你会如何拒绝？"
二、魔法壶绘画	投射学生在困境中的心理状态。	16分钟	绘画分四步进行：第一步，描绘自己被抓入魔法壶的情景；第二步，刻画在壶中的感受；第三步，展现阳光透入壶中的画面；第四步，画出一年后可能发生的变化。在绘画过程中，强调学生无需对自己的作品进行评判，鼓励自由表达。
三、画作解析	帮助学生识别成长中的真实困扰。	10分钟	1.小组成员依次分享自己画作背后的故事，并提炼出关键词，如"压抑""希望"等。 2.教师对学生的画作进行解读：魔法壶象征着

活动名称	目的	时间	流程
			性方面的困惑，阳光代表社会支持，而画作线条的力度能够反映出学生应对问题的行动力。
四、归因模式矫正	帮助学生修正非理性认知。	6分钟	1.引导学生对照三维度六因素归因表，分析画中所呈现困境的归因倾向，判断是归因于能力、运气还是努力等因素。2.教师总结：在面对困境时，像主动求助这类可控因素是解决问题的关键所在。

方案二　共绘生命之美

活动目标

引导学生理解生命的意义，强化性别认同，构建起相互支持的人际网络。

活动准备

生命诞生视频、性别光谱表、A3海报纸、彩笔。

活动内容与流程设计

活动名称	目的	时间	流程
一、 生命起源探讨	引导学生正视性知识的科学性。	10分钟	1.播放生命诞生视频，让学生直观了解生命的起源过程。 2.开展调查："你的性知识来源于哪里？"向学生强调父母、学校是获取正规性知识的重要渠道。
二、 性别光谱填写	帮助学生完成性别角色认同。	5分钟	组织学生填写性别光谱表，内容包括： –生理性别（男/女）； –社会性别认同（男人/女人）； –气质偏好（阳刚/阴柔）。
三、 生命意义绘画	通过艺术表达，让学生展现	15分钟	1.以"生命是_____"为主题，鼓励学生进行绘画创作。

活动名称	目的	时间	流程
	对生命的理解。		2.小组成员轮流在画作上添画，每添画一次，组织成员讨论："他人的笔触是如何丰富我的生命叙事的？"
四、生命故事分享	升华学生对生命价值的认知。	10分钟	1.学生用"我的生命之光是_____"句式分享自己的故事。 2.分享结束后，全班共同朗诵："生而独特，死亦从容。"

方案三　少男少女成长记

活动目标

让学生掌握防侵害技能，建立起正确的性安全行为模式。

活动准备

性认知判断题、记号笔、便利贴、防侵害海报材料。

活动内容与流程设计

活动名称	目的	时间	流程
一、性认知辨析	纠正学生的错误观念。	7分钟	组织学生以小组为单位进行抢答，判断诸如"性是污秽的（×）""性需坦诚面对（√）"这类性认知判断题。
二、性脱敏游戏	帮助学生从科学的角度认识到多个维度。	8分钟	1.让学生在便利贴上写下与"性"相关的词汇，如青春期、尊重等，然后将这些词汇分类张贴在黑板上。 2.组织学生讨论，明确性涉及生理、心理、伦理三个层面，需要进行系统学习。

活动名称	目的	时间	流程
三、情境模拟训练	强化学生的防侵害技能。	10分钟	学生分组演练三类场景： 1.当被表白者提出性要求时的应对； 2.在公共场所遭遇骚扰时的处理； 3.面对网友索要裸照时的做法。 演练结束后，总结出防侵害的三大原则："拒绝坚决、留存证据、及时求助。"
四、防侵害海报	促使学生将安全策略内化。	15分钟	学生分组绘制防侵害海报并进行展示，海报标题可参考《隐私部位不可触》《结伴而行保安全》等。完成后将海报张贴在教室活动板上。

性安全教育绝非"一次性课程"，而是贯穿青春期的生命必修课。本方案以绘画为桥梁，将敏感的性话题

转化为易于探讨的艺术表达形式，从认知、情感与行为三个层面构建起防御体系。通过"魔法壶"帮助学生投射困惑、借助"生命之光"唤醒学生对生命价值的认知，利用"防侵害海报"强化学生的防侵害技能，为初中生性安全教育提供了一套可复制的实践方案，助力青少年在成长过程中学会尊重生命、保护个体与珍视生命。

30秒的生命

保靖民族中学　杨　源

　　生命教育是青少年成长中不可或缺的一课，尤其在自伤行为低龄化、心理危机事件频发的当下，引导学生正视生命价值、珍视存在意义显得尤为迫切。"30秒的生命"团体辅导活动通过沉浸式情景模拟与生死抉择体验，帮助学生直面死亡的不可逆性，引发他们对亲情、责任以及未竟理想的深度思考。活动以人本主义理论为根基，将抽象的生命议题转化为具有强烈冲击力的具象情感体验，让学生在"求生"与"牺牲"的艰难抉择中，重新探寻自我价值，明晰生命的意义，为校园心理健康教育提供了一种别开生面且极具感染力的实践模式。以下是详细的活动设计与实施路径。

一、活动目标

1.帮助学生理解死亡是生命的必然归宿，消除他们对生命终结的恐惧与逃避心理。

2.通过模拟生死抉择的体验，激发学生对亲情、自身责任以及人生目标的珍视之情。

3.加深学生对生命不可逆的认知，引导他们树立积极向上的生命价值观。

二、活动实施步骤

1.团体契约（1分钟）

全体学生围坐在一起，共同宣读活动规则，包括守时、保密、专注、坦诚交流以及不随意评价他人观点等内容。通过明确规则，营造一个安全、信任的活动氛围。

2.情景导入（10分钟）

（1）引导学生闭上眼睛，静下心来聆听一段精心设计的引导语：想象自己正乘坐一艘游轮，却不幸遭遇海难，而此时船上仅有4人能够获得逃生的机会。

（2）在学生沉浸于情景之中后，向他们发放"求生船票"，进一步营造出紧张、紧迫的氛围，让学生真切感受到生死抉择的压力。

3.生死抉择（15分钟）

（1）组织学生以小组为单位进行讨论，每位成员有30秒的时间陈述自己求生的理由，之后由小组成员进行投票，选出4名"幸存者"。

（2）那些未获得船票的学生需要扮演"牺牲者"，聆听关于"亲人崩溃"的情景描述，从而亲身感受生死离别之际的情感冲击。

4."临终"反思（6分钟）

（1）引导"牺牲者"再次闭上眼睛，想象沉船的最后一刻，提问："当海水漫过鼻腔时，你最后想到的人是谁？"让学生在这一情境中深入思考生命尽头最牵挂的人和事。

（2）组织学生进行分享交流："如果生命可以重来，你会如何对待所爱之人？"促使学生反思自己在日常生活中对待亲人、朋友的方式，以及对生命意义的追求。

5.现实链接（8分钟）

（1）向"幸存者"提问："在刚刚的情境中，船票的重量对你来说代表着什么？"引导学生思考船票背后所承载的生命责任、对未来的期许等含义。

（2）全体学生起立，共同宣誓："珍视当下，为爱与责任而活。"通过宣誓的方式，强化学生对生命价值的认知，将活动中的感悟转化为实际行动的决心。

三、活动成果与反思

"30秒的生命"活动并非旨在通过恐吓来教育学生，而是借助这种极端的情境设计，唤醒学生对平凡生活的珍视。当学生真切地意识到"死亡随时可能降临"时，他们便能更深刻地领悟"向死而生"的哲学内涵。

从活动成果来看，学生们在参与过程中表现出了极高的投入度与情感共鸣。许多学生在"临终"反思和分享环节中，流下了感动的泪水，这表明他们在情感层面受到了强烈的触动，开始重新审视自己的生活和生命的意义。通过生死抉择的体验，学生们更加深刻地理解了亲情的珍贵，明白了自己在家庭和社会中所承担的责任，也会对自己的人生目标产生更为清晰的想法。

然而，在活动实施过程中，也发现了一些值得改进的地方。部分学生在最初进入情景时，可能由于紧张或对活动的不理解，未能完全投入其中，这在一定程度上影响了活动效果。此外，在生死抉择环节，个别小组可能因为成员性格差异等原因，导致讨论和投票过程不够顺畅，出现了一些争议。针对这些问题，在未来开展类似活动时，可以增加活动前的预热环节，帮助学生更好地理解活动目的和流程，同时在分组时充分考虑学生的性格特点，确保活动能够更加顺利地进行。

感受生命的美好

龙山高级中学　向艳霞

高中阶段是青少年探索生命意义、确立人生目标的关键时期，但学业压力和成长困惑易导致他们目标模糊、价值感缺失。基于埃里克森人格发展理论和积极心理学理念，我们精心设计了"感受生命的美好"系列团体辅导活动。该活动旨在通过目标管理训练，帮助学生构建清晰的人生规划；借助五感体验唤醒，提升他们对生活细微美好的觉察能力。以下是具体活动设计与实施路径。

方案一　目标管理、筑梦飞翔

活动目标

引导学生熟练掌握SMART目标管理法，科学规划高中学业和未来人生方向。

活动准备

视频教学课件、含20个"K"的字母表、A4纸、彩笔。

活动内容与流程设计

活动名称	目的	时间	流程
一、团体契约	建立信任氛围，明确参与规则。	1分钟	全体成员共同宣读契约内容："全心投入活动、真诚表达想法、认真倾听他人、全力支持同伴"，确保活动在有序、信任的环境下开展。

活动名称	目的	时间	流程
二、目标力量实验	让学生感知清晰目标的重要价值。	5分钟	1.让学生集中观察含有20个"K"的字母表20秒。之后，教师提问字母表中"K"的数量。 2.随后组织学生展开讨论："模糊的目标是如何影响我们完成任务的效率的？"通过这个实验，引导学生思考目标清晰度与效率之间的关系。
三、目标辨析	揭示学生在目标管理过程中存在的问题。	10分钟	组织学生进行小组讨论，分析以下案例： 案例1：对比"每天背30词（难以实现）"和"每天背5词（可达成）"这两种目标设定方式的差异； 案例2：探讨"努力学习（表述模糊）"与"每日刷题2小时（具体明确）"的区别。 通过案例分析，让学生认识到科学合理设定目标的重要性。

活动名称	目的	时间	流程
四、 SMART 原则学习	帮助学生系统掌握科学的目标制定方法。	10分钟	播放视频《目标管理的五大特征》，引导学生学习SMART原则。教师总结SMART原则的核心要点为：明确性（Specific）、可衡量性（Measurable）、可达成性（Attainable）、相关性（Relevant）、有时限性（Time-bound），让学生对科学的目标制定方法有系统的认识。
五、 目标 实战演练	让学生运用所学理论制定个性化目标。	10分钟	学生以小组合作的方式，撰写2—3个符合SMART原则的目标，例如"高二期末英语成绩达到120分"。各小组选派代表分享目标，并组织其他小组进行互评，在交流中完善目标设定。
			教师进行总结发言："个人目标不仅要实现自我价值，还应肩负起社会

活动名称	目的	时间	流程
六、总结升华	将个人目标与家国使命紧密联系起来。	3分钟	责任。青年一代应当以家国情怀为奋斗的底色，让个人梦想与国家发展同频共振。"引导学生树立远大志向，增强社会责任感。
七、拓展巩固	为学生推荐延伸学习资源。	1分钟	教师向学生推荐相关书目：《高效能人士的七个习惯》《自控力》，鼓励学生在课后进一步深入学习，提升自我管理能力。

方案二　感受生命的美好

活动目标

通过五感训练，提升学生对生命的觉察能力，帮助他们构建积极的情感体验。

活动准备

音频教学课件、橘子、《我的五感美好时刻》表格、情景卡。

活动内容与流程设计

活动名称	目的	时间	流程
一、 团体契约	建立信任与参与规则。	1分钟	全体成员再次共同宣读契约："全心投入、真诚表达、倾听支持。"强化活动规则，营造良好的活动氛围。
二、 感官重要性游戏	让学生认识五感在信息传递中的重要影响。	5分钟	1.开展"你比画我猜"游戏，安排蒙眼学生通过动作向其他同学传递词语。 2.游戏结束后，组织学生讨论："在游戏中，听觉缺失是如何阻碍信息沟通的？"以此引导学生认识五感在日常生活中的重要作用。

活动名称	目的	时间	流程
三、橘子五感探索	深度激发学生的感官体验。	8分钟	学生以小组为单位观察橘子，从不同感官角度进行细致记录： 视觉：观察橘子表皮的纹理； 触觉：感受橘子果皮的质感； 听觉：倾听剥橘子时发出的声响； 嗅觉：品味橘子散发的果香层次； 味觉：品尝橘子的酸甜口感与平衡度。 通过对橘子的五感探索，让学生充分激活自身感官。
四、美好回忆清单	唤醒学生被忽视的幸福感。	10分钟	1.引导学生闭上眼睛，聆听舒缓的自然音乐，沉浸在回忆之中。 2.学生根据回忆，填写《我的五感美好时刻》表格，记录如"雨后青草香""外婆毛衣的触感"等曾经被忽视的美好瞬间。

活动名称	目的	时间	流程
五、创造美好实践	教会学生主动创造积极体验的方法。	12分钟	每个小组抽取一张情景卡，如"安慰考试失利的同学"等。小组内共同设计基于五感的关怀方案，比如送一杯暖茶（味觉、触觉）、轻轻拍肩（触觉）、播放治愈音乐（听觉）等，培养学生主动创造美好、传递温暖的能力。
六、总结升华	让学生领悟感知力对增强心理韧性的重要价值。	3分钟	教师进行总结："我们的感官是连接自我与世界的重要桥梁，生活中的细微美好看似平凡，却蕴含着强大的力量，能够帮助我们抵御生命中的风雨。"引导学生重视对生活细微美好的感知，提升心理韧性。
七、课后实践	强化课堂教学成果。	1分钟	教师布置课后作业：撰写《一周五感日记》，要求学生每日记录一件通过感官发现的美好小

活动名称	目的	时间	流程
			事，将课堂上的体验延伸到日常生活中，持续提升对生活的感知能力。

　　生命教育，不仅仅是确立目标，更在于对生活美好的觉察与创造。"目标管理、筑梦飞翔"方案，从目标力量实验引发思考，到学习SMART原则，再到实战演练制定个性化目标，最后将个人目标与家国使命相融合，并提供拓展学习资源，帮助学生清晰规划学业和人生方向，树立远大志向。"感受生命的美好"方案，借助感官重要性游戏、橘子五感探索等活动，让学生感受五感带来的丰富体验，唤醒被忽视的幸福感，学会主动创造美好。课后的实践作业，更促使学生将课堂所学融入日常生活。这一系列活动，从目标管理与生命感知两方面协同发力。既让学生明确人生目标，又引导他们珍视生活美好，增强心理韧性，培养社会责任感和积极生活态度，为青少年的成长筑牢根基，助力他们在未来人生道路上稳步前行。

　　体育与美育，扎根于人类本性，是滋养心灵、塑造人格的重要路径。在湘西这片多元文化交融的土地上，学校教育的创新实践正悄然突破学科边界。体育不再只是强身健体。像定向越野、苗族鼓舞等活动，不仅锻炼学生体魄，还增强团队信任，培养抗挫能力，成为心灵成长的课堂。美育也超越了技法传授。木刻版画、自画像创作等艺术形式，让青少年探索自我、重塑价值观，成为与内心对话的方式。本章以"体教融合""非遗心育"实践为例，展现体育竞技中的情绪释放、传统技艺里的文化认同、艺术创作中的生命觉醒，揭示身体律动与审美体验如何协同促进青少年的社会适应和心理健康。这些案例是对"五育并举"政策的生动践行，更是培育"完整的人"的成长实践。湘西教育工作者用创新与努力，为学生全面发展助力，书写教育新篇章。

高中生适应性团体辅导活动方案设计与实施

龙山高级中学　梁　强

自2020年起，湘西自治州积极推行"体教融合三年行动计划"，大力促进体育教育与心理健康教育协同发展，致力于培养全面发展的学生。在此背景下，舒暖名师工作室充分发挥创新精神，精心设计了定向越野、体育游戏等一系列融合性活动，借助任务挑战和团队协作的形式，助力学生实现智力开发、思维拓展以及健康成长。考虑到高一新生在入学后常常面临环境适应困难、人际融入不畅等关键问题，本课程以定向越野为主要载体，并巧妙结合心理团辅技术，构建起"运动—认知—

情感"三位一体的适应性培养模式,旨在帮助高一新生顺利度过入学适应期。以下是详细的活动设计与实施路径。

方案一　跑进新校园——定向越野助力心理适应

活动目标

1.助力高一新生熟悉校园的各个功能分区,让他们快速融入校园环境,建立起对校园空间的归属感。

2.通过设置多样化的任务挑战,锻炼学生的抗压能力,增强团队成员之间的信任,培养他们的团队协作精神。

3.让学生在运动过程中释放因入学带来的紧张压力,获得积极的情绪体验,以更乐观的心态面对新的学习生活。

活动场地

校园标志性建筑(211阶梯、图书馆等)。

活动准备

定向地图、指南针、任务线索卡。

活动内容与流程设计

1.建立团体活动契约

全体学生整齐站立，活动领导者郑重地向大家宣导活动规则，包括守时、保密、专注、坦诚等方面的要求，同时明确活动中的安全准则以及本次活动的目标，让学生们清楚了解活动的规范和意义。

2.随机分组

学生通过报数的方式分为8组，每组人数控制在5—6人。这种随机分组的方式能够打破学生原有的社交圈层，促进不同背景的学生相互交流与合作。

3.校园探索挑战

（1）211阶梯即兴演讲（表达力）。每位学生需沿着211阶梯攀登至顶端，到达后抽取一个主题，并在现场进行即兴演讲。这一环节不仅是对学生表达能力的考验，更是让他们在公众场合锻炼勇气、克服紧张情绪的机会，从而增强自信心。

（2）图书馆文献检索（信息处理）。学生们需要在图书馆丰富的藏书资源中，根据线索寻找特定书籍，并回答与书籍内容相关的问题。这既培养了学生的信息检索和处理能力，又让他们在团队协作中共同完成任务，体会团队合作的重要性。

（3）体育馆体能闯关（耐力）。在体育馆内设置接力赛、障碍赛等形式多样的体能挑战项目，通过这些活动考验学生的体力和毅力。在比赛过程中，学生们不仅能锻炼自身身体素质，还能在团队竞争中培养团队精神和竞争意识。

（4）校史馆知识竞答（文化认同）。学生们走进校史馆，通过解答与学校历史相关的问题，加深对校园文化的理解和认同，增强对学校的归属感和荣誉感。

4.团体分享

活动结束后，全体学生围坐成一圈进行总结分享。大家共同交流在活动中遇到的困难，以及团队成员之间的默契合作，进一步强化团队成员之间的情感联系和对活动的感悟。

方案二　玩出新伙伴——运动赋能班级凝聚力

活动目标

1.帮助高一新生打破彼此之间的社交壁垒，消除陌生感，构建起充满信任的同伴关系网络。

2.通过一系列协作任务，增强学生对班级集体的归属感，让他们更好地融入新班级。

3.在活动过程中，培养学生的策略性思维，提升他们应对压力的能力。

活动场地

体育场。

活动准备

粉笔、扑克牌、长绳等。

活动内容与流程设计

1.建立团体活动契约

全体学生集合站立，活动领导者再次强调活动规则（守时、保密、专注、坦诚），并明确安全准则和活动目标，为活动营造良好的秩序和氛围。

2.“大风吹”破冰游戏

采用“大风吹”的方式进行动态分组，例如领导者喊出“喜欢篮球的人换位”，符合这一特点的学生需迅速换位并站在一起。通过这个游戏，学生们能够快速发现彼此的共同兴趣点，揭示群体中的共性与差异，打破初次见面的尴尬氛围。

3.“风中劲草”角色体验

安排1名学生担任指挥风向的“领导者”，其余学生模拟草的扮演“执行者”。在活动过程中，角色进行轮换，让每个学生都能体验不同角色，强化彼此之间的共情能力，增进相互之间的信任。

4.翻牌接力赛

领导者将一副扑克牌按四个花色，在四个不同的地方随机面朝下排列。小组成员需要在规定时间内观察并记忆扑克的位置，然后依次上前翻牌配对。这一环节考验团队成员之间的沟通能力和战术分配能力，需要大家共同协作，制定合理的翻牌策略。

5.动力绳波动挑战

全班同学共同握住一条长绳，通过同步操控长绳，帮助团队中的成员跨越设置的障碍。在这个过程中，学生们能够亲身体验"力出一孔"的协同效应，感受团队合作所带来的强大力量，进一步增强班级凝聚力。

通过"跑进新校园"和"玩出新伙伴"这两个方案的实施，为高一新生提供了丰富且有意义的体验。这一系列活动紧密围绕高一新生面临的关键问题，将体育活动与心理团辅有机结合，在"运动—认知—情感"三个维度上全面发力。不仅让学生在身体上得到锻炼，还在认知和情感层面给予他们积极的引导和支持。通过这些活动，新生们能够更快地适应新的校园环境，融入新的班级集体，为他们的高中生活奠定了良好的基础。未来，还可以根据学生的反馈和实际情况，进一步优化活动设计，增加更多富有创意和教育意义的环节，持续助力学生的健康成长和全面发展。

在滚铁环传统游戏中沟通与合作

保靖县野竹坪小学　王　梅

滚铁环作为一项极具特色的民族民间传统体育项目，承载着丰富的文化内涵，兼具文化传承与体育锻炼的双重功能。然而，随着城市化进程的加速以及现代化媒介的广泛普及，许多孩子逐渐远离了这项传统运动，对滚铁环知之甚少。而心理健康教育团体辅导活动为孩子们提供了一个难得的契机，让他们在愉悦身心的同时，能够传承这一宝贵的文化，意义非凡。以下是详细的活动设计与实施路径。

方案一　初学滚铁环

活动目标

1.帮助学生熟练掌握滚铁环的基本操作技能，包括正确持钩、平稳推送铁环以及精准控制铁环的滚动方向。

2.通过团队协作练习，让学生充分体验运动带来的乐趣，感受成功完成任务的喜悦。

3.培养学生的规则意识，增强团队凝聚力，促进学生之间的交流与合作。

活动准备

直径为60cm的铁环、配套的U型手柄铁钩。

活动内容与流程设计

（一）建立团体活动契约（1分钟）

全体成员整齐站立，围成一个圆圈。活动领导者向大家郑重宣导活动规则，强调守时、保密、专注、坦诚的重要性，并规定一短一长的哨声为示意大家安静的指令。

（二）随机分组（3分钟）

所有同学围成一个大圈，按1到5循环报数，报相同数字的同学自动组成一组。此次活动共分为6组，每组5人。

（三）动作示范（6分钟）

教师进行详细的动作示范：首先，双脚前后自然站立，左手稳稳地持住铁环，右手握住铁钩；接着，用铁钩推压铁环的后下方，推动时要保持匀速，使铁环平稳向前滚动；最后，利用铁环滚动产生的惯性，适时调整铁钩的位置和力度，以保持铁环的滚动方向。

（四）分层练习（15分钟）

练习一：原地持钩推环，练习时可以用左手辅助保持铁环平衡，让学生熟悉持钩推环的基本动作和力度控制。

练习二：进行短距离直线推行，此时不再借助左手辅助，锻炼学生独立控制铁环滚动的能力。

练习三：设置绕桩曲线挑战，学生需要操控铁环绕过预先设置好的桩子，在曲线行进中进一步提升对铁环方向的控制能力。

教师在学生练习过程中巡回指导，及时纠正不规范的动作。

（五）团队竞赛（15分钟）

每组同学依次接力滚环，完成20米的往返路程。如果在滚动过程中铁环失控脱离控制，该同学需要返回起点重新开始。

记录每组完成比赛的时间，用时最短的小组获胜。获胜小组要向大家分享"123秘诀"，即一推（掌握好推送铁环的力度和时机）、二稳（保持铁环滚动的平稳性）、三控速（合理控制铁环的滚动速度）。

方案二　进阶者

活动目标

1.鼓励学生探索铁环的多样化玩法，提高动作协调性，激发学生的创造力。

2.通过角色互换和障碍设计环节，培养学生的换位思考能力和解决问题的能力。

活动准备

铁环、气球、棒槌、障碍标志桶。

活动内容与流程设计

（一）游戏"打地鼠"（3分钟）

将6组铁环围成一个圆阵，每组铁环旁安排一名组员。圆阵中心的成员手持棒槌，负责击打"地鼠"，即蹲起躲避的其他组员。

被棒槌击中的组员需要暂停10秒，复活后累计自己蹲起的次数。

（二）创意玩法开发（8分钟）

各小组展开讨论，集思广益探索铁环的新玩法，例如开展慢速平衡赛，比一比谁能让铁环在最慢的速度下保持最长时间的滚动；或者设计障碍穿越玩法，增加铁环滚动的难度和趣味性。

每个小组展示自己设计的新玩法，全体同学投票选出"最佳创意奖"。

（三）铁环障碍接力（15分钟）

设置S型障碍赛道，每组同学依次接力滚环穿越障碍。

在滚动过程中，如果触碰障碍，该小组需要加时5秒。完成比赛的小组要分享自己的"避障技巧"，如提前预判障碍位置、控制好铁环速度等。

（四）花样滚铁环（10分钟）

鼓励学生尝试具有挑战性的滚铁环方式，比如操控铁环上坡，或者按照字母、数字的走位滚动铁环，甚至可以尝试左右手各执一环同时向前滚动，展现高超的技巧。

（五）按摩操放松（4分钟）

学生们围成一个圈，互相为身边的同学进行肩颈按摩。在按摩过程中，跟随口令引导，如"捶捶你的背，协作最珍贵"。按摩结束后，随机邀请部分成员分享参与活动的感悟。

方案三 熟练者

活动目标

1.通过竞技项目，进一步强化学生的运动技能，锻炼学生的心理韧性，让他们在压力下保持良好的竞技状态。

2.在高压竞赛环境中，培养学生冷静决策的能力，增强团队成员之间的信任。

活动准备

计时器、标记杆、铁环套装。

活动内容与流程设计

（一）接力竞速赛（10分钟）

6组同学进行50米接力比赛，在滚动铁环的过程中，铁环全程必须接触铁钩。

如果铁环失控脱离铁钩，该同学需要返回起点重新出发；违规用手触碰铁环，每次加时2秒.

（二）障碍技巧赛（15分钟）

比赛赛道设置绕行锥桶、穿越窄道等障碍。

根据综合用时和失误率计算各小组的排名，排名靠前的优胜组要向大家分享"稳控心得"，如如何在复杂障碍中保持铁环的平衡、怎样合理规划行进路线等。

（三）角色互换体验（10分钟）

安排两组同学交替扮演"滚环者"与"搭山洞者"。"搭山洞者"需要用身体搭建供铁环穿越的"山洞"，"滚环者"则操控铁环穿越"山洞"。

体验结束后，组织学生讨论"角色互换如何影响团队动力"，引导学生理解不同角色在团队中的重要性以及相互协作的必要性。

（四）团队互评（5分钟）

全体同学投票评选出"最佳协作奖"和"最稳控环手"。

教师对活动进行总结，强调"成功＝技能＋信任＋策略"，让学生明白在团队活动中，掌握技能、相互信任和合理运用策略的重要性。

在首次团体辅导活动中，学生们围绕滚铁环项目展开了初步探索。由于大多数参与者都是初次接触这项传统运动，尽管教师已经系统地讲解了操作要领，但在实际操作中，学生们还是普遍面临铁环难以持续滚动的问题。在这个过程中，部分运动能力较强的学生凭借自身的领悟力和协调性，迅速掌握了技巧，能够流畅地操控铁环行进；而尚未掌握技巧的学生则主动观察他人的操作方法，或者虚心向同伴请教，获取宝贵的操作经验。在这一阶段，学生们通过相互帮助、交流以及经验共享，不仅提升了滚铁环的技能，还显著增强了人际沟通能力与协作意识。

在第二次活动中，基于首次活动习得的技能基础，教师引导学生开展自主创新实践。随着操作熟练度的不断提高，多数学生开始积极尝试多样化的玩法，如进行慢速平衡挑战，小心翼翼地控制铁环以最慢速度滚动，考验自身的平衡能力；还有的学生尝试绕障行进，巧妙地操控铁环穿越各种障碍物，展现出灵活的操控技巧。部分学生更是自发增加难度，尝试单手持钩滚铁环，或者挑战双环并行，在不断探索中展现出创造性思维和解决问题的能力。这些探索行为不仅深化了学生对运动技能的应用，更激发了他们的自主探究精神。

第三次活动以竞技形式展开，通过精心设计的接力赛与障碍赛，将运动技能与规则意识紧密结合。在确保学生熟练操控铁环的前提下，引入竞赛规则，如触环加时、障碍重置等，对学生的平衡能力、肢体协调性以及抗压心理素质提出了更高的要求。整个活动过程始终秉持"寓教于乐"的理念，让学生在充满趣味的游戏中强化体能素质，如提升速度、增强耐力等，同时培养竞争意识、规则适应能力以及团队荣誉感。

整体来看，这三次团体辅导活动形成了"技能奠基—创新拓展—综合应用"的递进式教育闭环。学生们从对滚铁环零基础开始，逐步掌握运动技能，进而创造性地开发出各种玩法，最终在竞技场景中实现了身心的全面发展。活动不仅有效提升了学生的运动机能和神经协调能力，还在趣味化的情境中塑造了他们坚韧的品格和良好的社会适应力，为学生的童年成长注入了健康活力和积极的情感体验。

通过非遗传承习得理解与表达

花垣县第三中学　吴国红

花垣县第三中学肇始于国立茶洞师范学校，历经八十余载的积淀，这所学校在湘、黔、渝三省交界这片充满文化底蕴的土地上，逐渐发展成为一座融合了历史传承、民族特色与现代教育理念的精神家园。作为湘西民族文化传承的重要阵地，学校凭借独特的地理位置优势，将苗族鼓舞的激昂、舞龙舞狮的豪迈、赶秋节庆的欢乐，转化为滋养学生心灵、助力学生成长的生动教材。近年来，学校系统地挖掘、整理并传承了十余项非物质文化遗产。其中，舞龙、舞狮和苗族鼓舞更是成为花垣县赶秋节、文旅盛会等大型活动中极具代表性的文化名片。在"以文化人、以心育才"的理念指引下，学校探索创新，实践"非遗+心育"融合模式。让学生沉浸式体验非遗技艺，并与团体心理辅导深度结合，引导学生在充满节奏感的肢体律动中释放内心情绪，在团队协作表演中建立彼此间的信任，在传承民族文化的过程中构建自我认同，全方位促进学生的身心健康发展。

方案一　苗族鼓舞基本动作训练

活动目标

1.让学生熟练掌握苗族鼓舞的击打技法和叙事表演技巧，深入了解这一非遗文化的艺术精髓。

2.通过团队协作的方式，让学生亲身感受非遗文化的独特魅力，从而增强学生对本民族文化的自信。

3.在活动过程中，培养学生的包容性思维和互助精神，提升学生的综合素质。

活动准备

苗族鼓、鼓槌若干。

活动内容与流程设计

活动阶段	内容与规则
一、 正向反馈热身	在小组内部，学生们依次进行"我喜欢你……"的互动活动。每个学生都要真诚地对其他成员表达欣赏和喜爱，强化尊重与包容的社交准则，营造积极向上的团队氛围。
二、 表演复习	带领学生复习四人鼓舞动作，在复习过程中，重点关注肢体协调性和叙事连贯性的优化，对每个动作的细节进行纠正和完善，确保表演更加流畅自然。
三、 团圆鼓舞体验	将学生按照男女分成两个大圈，围绕着鼓起舞。在舞蹈过程中，学生们以扭腰摆手的动作配合鼓点，感受集体歌舞带来的身心整合效应，体会团队协作和节奏统一所带来的快乐。
四、 文化内涵解析	教师深入阐释苗族鼓舞作为国家级非物质文化遗产的重要价值，强调其"以鼓传情、以舞凝心"的教育意义，让学生更加深刻地认识到苗族鼓舞不仅是一种艺术表演形式，更是民族精神的传承载体。

活动阶段	内容与规则
五、 边鼓协作	每组安排两名学生交替学习边鼓技法，在学习过程中，让学生深刻体会角色互换对团队协作的重要意义，明白每个角色在团队中都不可或缺。
六、 完整呈现	组内成员轮流击打鼓面，完成三次循环表演。表演结束后，组织学生分享在这个过程中所领悟到的"包容差异、协同进步"的团队智慧，进一步强化学生的团队意识。

方案二　苗族鼓舞表演训练

活动目标

1.进一步提升学生的鼓舞表演技能，引导学生在表演中融入丰富的情感表达和艺术审美，使表演更具感染力。

2.通过集体歌舞的形式，强化学生的人际交往能力和情绪调节能力，促进学生之间的情感交流和心理健康。

活动准备

苗族鼓、鼓槌若干。

活动内容与流程设计

活动阶段	内容与规则
一、 正向反馈热身	在小组内部，学生们依次进行"我喜欢你……"的互动活动。每个学生都要真诚地对其他成员表达欣赏和喜爱，强化尊重与包容的社交准则，营造积极向上的团队氛围。
二、 表演复习	带领学生复习四人鼓舞动作，在复习过程中，重点关注肢体协调性和叙事连贯性的优化，对每个动作的细节进行纠正和完善，确保表演更加流畅自然。
三、 团圆鼓舞体验	将学生按照男女分成两个大圈，围绕着鼓起舞。在舞蹈过程中，学生们以扭腰摆手的动作配合鼓点，感受集体歌舞带来的身心整合效应，体会团队协作和节奏统一所带来的快乐。
四、 文化内涵解析	教师深入阐释苗族鼓舞作为国家级非物质文化遗产的重要价值，强调其"以鼓传情、以舞凝心"的教育意义，让学生更加深刻地认识到苗族鼓舞不仅是一种艺术表演形式，更是民族精神的传承载体。

方案三　舞龙

活动目标

1.帮助学生掌握舞龙的基本动作和团队配合技巧，感受舞龙这一传统活动的独特魅力。

2.通过参与高难度的协作任务，提升学生的身体素质和抗压能力，培养学生的坚韧精神。

活动准备

龙灯4条。

活动内容与流程设计

活动阶段	内容与规则
一、动态分组	通过"喊数抱团"游戏，将学生随机分为青龙、赤龙、白龙、黑龙四组，每组9人。这种分组方式增加了活动的趣味性和随机性，让学生能够结识更多的同学。

二、基础训练	首先，让学生认识龙灯，了解其结构和特点。然后，根据学生的体质和体态，合理确定龙头龙尾的人选以及中间学生的排序。接下来，教授学生握杆技巧，强调龙身需保持绷直，以保证表演效果。同时，带领学生学习常规动作，如直躺、蹬跨、大横八字等，并将所有常规动作连贯起来，形成一套完整的龙灯表演套路。
三、四龙齐舞	各小组按照既定套路完成出场、行礼以及一系列动作序列。在表演过程中，着重强调队形整齐和节奏统一，让学生明白团队协作在舞龙表演中的关键作用。
四、总结升华	表演结束后，组织学生分享在体能挑战过程中的互助案例。教师对学生的分享进行总结，强调"力量源于信任，成功基于协作"的道理，进一步深化学生对团队精神的理解。

通过系统参与这些非遗文化团体活动，学生的综合素质得到了显著提升。他们在各类展演竞赛中屡获佳绩，这些成绩不仅增强了学生的自我价值认同和集体荣誉感，还激发了他们积极进取的学习态度。值得一提的是，这

些活动在深化学生民族文化认同方面发挥了重要作用，还成功干预并挽留了多名濒临辍学的学困生。以某行政村为例，原本11名学生中有10名因厌学情绪面临失学风险，但通过持续参与舞龙训练与展演，这10名学生不仅全部完成了初中学业，还在团队协作中重新找回了自信，为校园营造了和谐稳定的良好氛围。

非遗传承对于乡村振兴发展也起到了切实的推动作用。学校以人才振兴为核心目标，针对学业薄弱的学生实施"技能育人"策略，将非遗文化传承纳入人才培养体系。据统计，近年来有40余名毕业生通过职校深造，掌握了专业技艺，并凭借非遗技能实现了稳定就业。这一实践既培养了学生的自立能力，也为乡村文化经济振兴提供了可持续的人才支持。

此外，艺术与体育的有机结合也有力地促进了心理健康教育。在参与苗族鼓舞、舞龙等活动时，学生学会了倾听和尊重他人，同伴之间的默契和信任不断增强。富有节奏的鼓点律动让学生能够释放情绪压力，在收放自如的表演中，学生体验到自信与自尊带来的积极情感。音乐、舞蹈与运动的多维实践，不仅实现了非物质文化遗产的活态传承，更以艺术疗愈的力量助力学生健康快乐地成长。

"高脚马"上的成长

保靖县野竹坪小学　王　梅

　　民族传统体育是文化传承的重要载体，也是青少年身心发展的有效媒介。保靖县野竹坪小学以苗族传统的"高脚马"运动为突破口，精心设计并开展了一系列系统性团体辅导活动，将民族体育技能训练与心理健康教育进行深度融合，不仅显著提升了学生的运动协调性与团队协作能力，更为乡村学校探索"体教融合"的发展模式提供了极具价值的创新范例。以下是详细的活动设计与实施路径。

方案一　高脚马初阶技能

活动目标

1.引领学生深入了解高脚马的历史渊源，激发他们对本民族文化的强烈认同和自豪感。

2.帮助学生熟练掌握高脚马的基础站立与行走技能，为后续更复杂的练习和活动奠定坚实基础。

活动内容与流程设计

活动阶段	内容与规则
一、 建立团体 活动契约	全体学生整齐站立，活动领导者向大家郑重宣导活动规则，包括严格守时、注重保密、保持专注以及坦诚交流等要点。同时，明确以两短一长的哨声作为示意大家静音的信号，确保活动能够在有序的环境中开展。
二、 文化导入	活动领导者通过讲述苗族防滑竹马的故事，生动地向学生阐释了高脚马从最初的实用工具演变为体育活动，进而成为

活动阶段	内容与规则
	民族文化象征的发展路径。让学生在故事中感受高脚马深厚的文化底蕴，激发他们对这项传统运动的兴趣和对民族文化的热爱。
三、 动作分解	由专业老师进行示范，并详细教学"抓握—踏镫—直立"三步训练法。在教学过程中，为了帮助学生更好地掌握平衡技巧，老师还指导学生借助墙面进行借力平衡练习。通过反复的示范、讲解和练习，让学生逐步掌握高脚马基础动作的要领。
四、 恐惧干预	考虑到部分学生在初次接触高脚马运动时可能会产生紧张和恐惧情绪，活动特别安排了正念呼吸法环节。引导学生进行吸气4秒、屏息4秒、呼气6秒的呼吸练习，帮助学生放松身心，有效降低运动焦虑，以更加自信和从容的状态参与高脚马运动。

方案二　高脚马进阶技能

活动目标

1.鼓励学生充分发挥创新思维，开发高脚马多样化的玩法，为传统运动注入新的活力。

2.通过一系列团队协作任务，增强班级的凝聚力，培养学生的团队合作精神和集体荣誉感。

活动内容与流程设计

活动阶段	内容与规则
一、 S型竞速	在场地上设置多个弯道障碍，学生骑着高脚马依次通过这些障碍进行竞速比赛。在这个过程中，学生需要不断调整自己的姿势和节奏，以保持动态平衡并准确预判空间位置，顺利完成比赛，从而有效训练学生的动态平衡能力和空间预判能力。
二、 气球运输赛	将学生分成若干小组，每组学生手持气球，骑着高脚马完成接力任务。在接力过程中，学生不仅要保持上肢的稳定性，确保气球

活动阶段	内容与规则
	不掉落，还要与团队成员密切配合，把握好团队的节奏，通过这种方式强化学生的上肢稳定性和团队节奏配合能力。
三、 木头人挑战	融合传统"木头人"游戏规则，学生骑着高脚马保持静止姿势。在规定的时间内，看谁能够保持最稳定的状态，不掉下高脚马。这个挑战能够有效提升学生核心肌群的控制力，同时培养学生的专注力和耐心。

保靖县野竹坪小学开展的这一系列以苗族"高脚马"运动为核心的团体辅导活动，在民族文化传承和青少年教育方面取得了显著成效。通过方案一的实施，学生深入了解了高脚马的历史渊源，增强了民族文化认同感，同时掌握了高脚马的基础技能，克服了初次接触时的恐惧心理。方案二则进一步挖掘了高脚马运动的潜力，激发了学生的创新思维，通过团队协作活动，极大地增强了班级凝聚力。

这一系列活动成功地将民族传统体育与心理健康教育紧密结合，为学生提供了一个既锻炼身体又滋养心灵的平台。在提升学生身体素质的同时，还促进了学生的心理健康和团队协作能力的发展。此外，这一创新模式为乡村学校"体教融合"提供了可借鉴的范例，在传承民族文化的道路上，探索出了一条具有特色的教育路径。未来，学校可以继续拓展活动的深度和广度，引入更多的民族传统体育项目，丰富活动形式和内容，让更多的学生受益于民族传统体育的魅力，为民族文化的传承与发展培养更多的新生力量。

以美育心，育心以美

泸溪县第二中学　张　晶

在美育与心理健康教育融合的探索中，艺术创作不仅是技能习得的过程，更是情感表达与认知重构的重要载体。泸溪县浦市二中通过"以美育心，育心以美"系列课程，将版画与园林设计等艺术形式转化为心理团辅工具，引导学生在观察自然、刻画家乡、设计社区的实践中，实现审美能力提升与情绪管理能力的协同发展。以下是具体方案设计与实施流程。

方案一 以刀代笔——黑白世界中的情绪整合

活动目标

1.引导学生感受黑白木刻版画艺术的独特风格与魅力。

2.帮助学生认识木刻的多种刀法及其呈现的不同艺术效果。

3.让学生在团队协作作画的过程中，感受分工合作的力量，享受自由表达带来的愉悦。

活动内容与流程设计

活动名称	教学实录
一、导入	教师展示分别由油画、国画和版画绘制的鲁迅肖像，向学生提问："木刻版画与其他画种相比，有哪些明显的区别呢？"引导学生观察并思考。 随后，教师进行小结："木刻版画大多为黑白画，其强烈的对比、质朴的风格独具特色。版画通过简洁的黑白对比和丰富多变、刚劲有力的刀法，展现出独特的艺术魅力。"

活动名称	教学实录
二、 教学： 以刀代笔	教师展示木版画、铜版画、石版画、纸版画和吹塑纸版画，组织学生共同欣赏，并请学生谈谈对黑白处理依据的理解。参考答案为：黑白的处理通常依据自然物体固有色的深浅变化以及光线变化。 接着，教师引导学生分享对圆刀、角刀、斜刀等不同刻刀的感受，让学生明白不同形状、长短、粗细的线条都需要使用不同刻刀来刻制。最后，教师总结："木刻版画是作者运用不同刻刀，通过刻、切、铲、凿、划等手法在木板上表现形象的艺术，这就是'以刀代笔'的艺术。"此外，教师还介绍了版画的三种刻法：阴刻、阳刻和阴阳混合刻。
三、 实践： 版画插图设计	教师要求学生依据自己的兴趣爱好，多人合作绘制一幅造型简洁概括的插图。之后，学生根据黑白木刻版画黑白处理的形式特点，对画稿进行整理、加工和完善。在这一过程中，教师强调要特别注意构图中的形体关系，追求简练与概括，根据黑白木刻的特点对作品的黑白效果和造型处理进行修整。

方案二　美丽家园——园林设计中的生态认知

活动目标

1.带领学生欣赏园林艺术，了解传统造园方式，感受传统文化的独特魅力。

2.引导学生关注周边居住环境，培养热爱自然与家园的情感，并尝试为建设美好家园设计整体规划图。

活动内容与流程设计

活动名称	教学实录
一、导入	教师展示园林图片，向学生提问："在这个园林空间里，大家都看到了什么？设计者在布局时考虑了哪些因素呢？"以此激发学生的兴趣和思考。
二、教学：园林之美	进行三组园林对比：留园的观云峰和环秀山庄的假山对比、没水的观云峰和有水的观云峰对比、欧洲园林与我国苏州园林对比。引导学生思考这些对比所揭示的园林设计原则。 教师小结："园林中的山水、花草树木虽是

活动名称	教学实录
	人工打造，但追求的是自然之美。苏州园林就充分体现了'虽由人作，宛自天开'的自然美，这源于中华传统文化中'天人合一、道法自然''智者乐水、仁者乐山'等理念。"
三、 实践： 家乡环境设计	教师引导学生分享自己家乡的特点，比如农村的田野风光、独特的建筑布局、邻里关系，或者小区的绿化情况、公共设施等。同时，让学生畅谈理想中的家乡模样，以及觉得家乡还需要增添哪些元素。 接着，教师引导学生思考设计家乡环境时除了整体布局规划外，还需考虑的因素，如生态环保、居民需求、文化特色等。 随后，学生进行小组合作，讨论绘画的题材、内容，确定选取的特色景物和表现手法。由一人先画出大体构图，然后小组成员根据各自长处分工绘画，并且要依据总体构图来把握所画景物形象的大小、色彩和表现手法。最后，选一位同学对画面进行统一整理。 教师总结："设计家乡环境，要传承传统文化中'人与自然和谐相处''咫尺之内造乾坤'的理念，结合家乡的实际情况，充分考虑居住者的需求，运用合适的方法和形式，来保护和改善我们的家园，让家乡变得更加美好。"

"以美育心，育心以美"系列课程通过以上两个方案的实施，为学生搭建了一个融合美育与心理健康教育的实践平台。在方案一中，学生通过接触黑白木刻版画，不仅掌握了版画的艺术特点和刀法技巧，还在团队合作创作插图的过程中，学会了自由表达情感，体会到合作的力量，有助于提升情绪管理能力。方案二则借助园林设计相关活动，让学生在欣赏传统园林之美、感受传统文化魅力的同时，培养了对自然和家园的热爱之情。在设计现代社区的实践中，学生学会从生态认知的角度思考问题，增强了对周边环境的关注度和责任感。

　　课程打破了传统美育与心理健康教育的界限，将艺术实践与心理成长有机结合。学生在提升审美能力的同时，情感得到了抒发，认知得到了拓展，情绪管理和社会责任感等综合素质也得到了提升。未来，学校可进一步丰富课程内容，引入更多元的艺术形式和实践项目，为学生提供更广阔的发展空间，让美育与心理健康教育的融合更加深入、全面，助力学生实现更全面的成长。

画家的自画像

湘西自治州第二民族中学　张　鑫

　　美术教育不仅是技法与审美的培养，更是学生探索自我、构建价值观的重要途径。本文以《画家的自画像》活动方案与教学实录为例，借助学科融合与团体辅导的方式，引导学生从艺术家的创作作品中，深入理解社会角色、自我认同与人生价值之间的紧密联系，以此促进学生的心理健康与人格的健全发展。该活动以图像识读和审美判断作为切入点，结合社会角色理论，助力学生在美术鉴赏的过程中找寻归属感、实现自我肯定，最终达成身心和谐发展的目标。

一、活动目标

1.深入探究影响美术家自画像创作的社会因素以及背后的心理动因。

2.引导学生借助艺术鉴赏活动，建立起强烈的归属感和明确的价值感。

二、活动实施步骤

（一）观图：导入课题

阶段目标：激发学生的兴趣，自然引入社会角色的概念。

活动内容与流程：

展示《拉斯科岩画手印》和《狮身人面像工匠》等作品，向学生提问："这些手印有着怎样的象征意义呢？""工匠有没有在作品中体现出自己的身份呢？"通过这些问题，引导学生思考角色在艺术作品中的表达形式。

（二）自我认同与社会角色

阶段目标：帮助学生理解自我认同与社会角色之间的内在关系。

活动内容与流程：

分别展示丢勒、普桑、真蒂莱斯基的自画像，组织学生分组讨论这些作品的特点。教师进行总结：

（1）丢勒通过将自己描绘成基督形象，提升了艺术家在当时社会的地位。

（2）普桑以绅士形象入画，淡化了自己匠人的身份。

（3）真蒂莱斯基则身着职业装束，凸显了女性艺术家的独特身份。

之后，教师向学生提问："如果让你们创作自画像，你们会如何展现自己作为学生的角色呢？"以此引导学生将所学与自身实际相联系。

（三）浓缩的人生

阶段目标：帮助学生树立正确人生价值导向。

活动内容与流程：

播放《伦勃朗》纪录片，深入分析他坚持艺术原则所付出的代价。向学生提问："伦勃朗为什么不选择妥协呢？"组织小组讨论，最后总结得出：坚守信念是价值观的核心所在。

开展"生命五样"游戏，让学生列出自己最看重的五样事物，然后逐步划去，并分享在这个过程中的感悟。

（四）场景中的自我

阶段目标：引导学生从多个角度肯定自我价值。

活动内容与流程：

展示宋徽宗的《听琴图》，引导学生对比他作为帝王和艺术家的不同身份，提问："他更倾向于认同哪种角色呢？"通过这个问题，帮助学生理解个体角色的多元性。

（五）自画像创作

阶段目标：通过艺术创作的方式，加深学生对自我的认知。

活动内容与流程：

引导学生欣赏任颐、弗里达·卡罗的自画像，鼓励学生运用国画、素描、漫画等多种形式进行自画像创作。要求学生在作品中体现出自己的年龄、身份、性格特点或者理想追求。

三、教学实录

本课以湘教版高中美术鉴赏第三单元《美术家眼中的自己》为依托，通过对自画像的分析，引导学生思考艺术家对职业身份和社会角色的认知，同时融合心理健康教育内容，助力学生实现自我认知的深化和价值观的塑造。以下是本课的教学实录。

（一）自我认同与社会角色——认识自我

师："丢勒把自己画成了基督模样，普桑把自己画成思想家，真蒂莱斯基把自己画成传说中绘画的发明者。从这些艺术家的创作选择中，大家能看出他们有着怎样的自我认知和角色定位呢？"

师生共同欣赏这三位画家的自画像作品，随后学生分组讨论自己最喜欢的画家以及原因，并请同学分享感受。

生："老师，丢勒怎么敢把自己画成耶稣基督的样子，他是不是超级自信？"

师："是的，丢勒是一个很有天赋的画家。丢勒的这种创作是有深刻社会背景的。在文艺复兴时期，艺术家通常被视为工匠，社会地位不高，他们主要通过为他人提供服务来获取报酬维持生计。当时的画家大多不甘心仅被当作工匠看待，更希望自己被视作肩负文化使命的人，这就是丢勒采用这种神圣化形象的原因。"

一位学生举手发言："我觉得真蒂莱斯基的自画像有点不一样，她在画面当中更加强调着自己画家的身份，手拿调色盘，对着大幅画布作画，还露出侧面。老师之前讲过，当时的女性画家不太被社会认可，很多女性喜欢将自己画成淑女形象，绘画对她们来说只是一种文化素养的体现。但真蒂莱斯基在她的自画像里大胆展现自己的画家身份，衣着也朴素大方，打破了人们的固有印象，也肯定了自我，让大家看到一个自食其力的女画家，而不只是用绘画展示才艺的女性。"

师："你的观察十分细致。在17世纪，女性艺术家常常被局限在'才艺展示'的框架内，而真蒂莱斯基以职业装束入画，既是对自己画家身份的确认，也是对社会偏见的挑战。这种创作的勇气，正是自我价值认同的有力体现。"

老师进一步引导："个体的社会角色影响自我表达，然而艺术创作也能够重塑我们对身份的认知。如果让你们绘制自画像，你们打算如何展现自己学生的角色呢？"

生："我会画自己在教室里，坐在座位上认真读书的样子。"

师："每个人的角色都是多重的。你们不仅是学生，还是父母的子女、家庭的一员、社会的一份子。在不同的环境中，大家都有着各自的角色和价值。勇于承担角色赋予的责任，这就是实现自我价值的重要方式。"

（二）"浓缩的人生"——价值观塑造

师："伦勃朗的自画像记录了他青年、中年与晚年的面貌变化。第一幅《蓬头的自画像》展现了伦勃朗青年时期的形象，那时他意志坚定，面色红润，深邃的眼睛里透露出追求艺术理想的坚定信念。《怀抱萨齐娅的自画像》反映出伦勃朗中年时期功成名就后的奢靡生活状态，从他臃肿的面庞中能看出欲望得到满足后的自得。《戴贝雷帽的自画像》是他晚年的作品，由于《夜巡》这幅画，伦勃朗遭到当时权贵的控诉，晚年穷困潦倒，画面中的他饱经沧桑，深邃的眼眸和明显的皱纹都诉说着他晚年的悲惨境遇。"

生："老师，伦勃朗为什么不修改《夜巡》呢？那样他就不会有牢狱之灾，更不会让自己晚年那么凄惨，他为什么要这样做呢？"

师："确实，只要他稍微妥协一下，晚年至少不会流落街头。但对于艺术家来说，坚守创作原则至关重要。他一生创作了90幅自画像，《夜巡》的艺术价值可与达·芬奇的《蒙娜丽莎》相媲美。正是因为这份坚持，他才被誉为荷兰历史上最伟大的艺术家。"

老师继续延伸讨论："价值观决定着我们的人生道

路。齐白石在抗战时期通过绘画讽刺敌人，凡·高月炽热的笔触传递生命的激情，都是因为心中有坚定的信念支撑。同学们要思考一下：什么样的价值观才值得我们用一生去坚守呢？"

（三）"场景中的自我"——多元肯定

师："最后，我们来欣赏这幅《听琴图》，这是宋徽宗的自画像。在画中，他不再是高高在上的皇帝形象，而是像一位艺术家，身着褐色玄袍，打扮成道士模样，抚琴低吟，仿佛思绪飘向远方。"

生："老师，这个皇帝真有意思，我们以前看到的皇帝自画像都特别威严，这个皇帝看起来却像个普通人。"

师："没错。从政治角度看，宋徽宗或许不算成功，但从艺术领域来讲，他的造诣极高。他开创了瘦金体，还提携了张择端、王希孟等众多大家，推动了宣和画院走向鼎盛。宋徽宗的例子能给我们带来什么启示呢？"

生："我们应该从多个维度去评价一个人。"

师："非常正确。认识自我、树立正确的价值观只是起点，勇于在生活中实践才是关键。美术鉴赏不只是简单的审美活动，更是对生命意义的深度思考。希望同学们能以这些艺术家为榜样，在不同的角色中实现自己的价值。"

四、活动成果与反思

通过"美术鉴赏互助团体"活动方案和《画家的自画像》教学实践，学生在美术鉴赏过程中收获颇丰。从最初对艺术作品中社会角色概念的引入，到深入理解自我认同与社会角色的关系，再到树立正确的人生价值导向，以及学会从多元角度肯定自我价值，最后通过自画像创作深化自我认知，学生在各个环节都实现了认知的提升和心灵的成长。

在教学过程中，学生们通过对不同艺术家自画像的欣赏、讨论和分析，不仅提高了美术鉴赏能力，更重要的是，他们开始反思自身在社会中的角色，思考自己的价值和追求。这种将美术教育与心理健康教育相融合的方式，成功地引导学生以艺术为媒介，探索自我、塑造价值观，为他们的身心健康和人格发展奠定了坚实基础。

未来，在类似的教育活动中，可以进一步丰富教学资源，引入更多不同文化背景和风格的艺术作品，拓宽学生的视野。同时，加强学生之间的互动交流，鼓励学生分享自己的创作思路和内心感受，营造更加活跃、积极的学习氛围，让美术教育在促进学生全面发展中发挥更大的作用。

后记

在本书的成书过程中，许多人给予了我极有价值的指导和建议，如湖南师范大学张传燧教授、阎平副教授，吉首大学孟娟教授以及湖南省教育科学研究院贺彩云研究员等。我感到十分幸运，能由张立云先生做我们工作室文稿的出版代理人，再次对他的耐心付出深表谢意。

感谢舒暖名师工作室所有参与写作的成员，他们分别是我的核心助手朱志鹏、谭捷，我在青蓝工程中结对的徒弟周立林，以及文静、彭珍珍、龙燕华、阳群、张洁、刘雪梅、周小和、王梅、吴国红、梁强、曾凡敏、戚丹、张波、尚云、杨艳、杨源、向艳霞、彭永凤、张晶、张鑫和室外成员叶正云。朱志鹏与我一同探讨了课程设计的切入点；周立林和我共同决定在书中添加章前语；阳群最初设计的体例，为所有同仁提供了示范。正是大家的帮助，才使本书内容更为丰富全面。

我们得到了湘西自治州州委组织部、湘西自治州教育和体育局以及湘西自治州民族中学等组织和部门在资金、人力、物力等多方面的大力支持，这才得以开展跨学科研究，并拥有了推广研究成果的基础。

同时，我也要感谢自己一直以来的坚守，以及父母、女儿等家人的鼓励与支持。